世界のビジネスエリートが
身につけている

教養としての
テーブルマナー

Table Manners

Tomoko Ogura
小倉朋子

SB Creative

はじめに　マナーとは「最高のあなた」を引き出す武器である

マナーは生き方そのもの。育ちも年齢もいっさい関係ありません

私はテーブルマナーの研究者・伝道師として、これまでに約4万人もの方々に、「常識としてのテーブルマナー」をお教えするのはもちろん、より踏み込んで「心あるテーブルマナー」を何よりも大事にお伝えしてきました。

私のマナー教室「食輝塾」には、管理栄養士や保育士、医師、子育て中の方など、生きるうえでの基本である「食育」に熱心な方をはじめ、「食輝塾」の「食べ方は生き方に通じる」というモットーに共鳴して学びに来られるビジネスパーソン、経営者、主婦など、さまざまな生徒さんがいらっしゃいます。

また、教室以外では、行政機関をはじめ、あらゆる企業から講師として招かれることも多くあります。毎年、全国省庁の海外赴任が決まった方を対象に、世界各国の食のマナーとその背景について研修も行っています。

マナーについてお教えする立場でありながら、生徒さんの学ぶ姿勢に教わることもたくさんありました。なかでも忘れられない方がお二人いらっしゃいます。

お一人は、80歳を過ぎてから、私のマナー教室にいらしたご婦人。

「お箸を美しく持てるようになりたくて参りました」との謙虚なお言葉に、深い感銘を受けました。80歳を過ぎてなお「美しく食べるために」と一歩を踏み出されたそのお姿は、とても尊く、尊敬の念を抱かざるを得ませんでした。私がふだんから生徒のみなさんにお伝えしている「**育ちも年齢もいっさい関係ありません。美しく振る舞いたいと願う今、この瞬間から、あなたの未来は変わるのです**」という、マナーの真髄を、まさに体現されている方でした。

マナーはその場の文脈を読み解く、知的技術

もうお一方は、外交官としての海外赴任から一時帰国された方です。

単発のテーブルマナー研修を終えられて、食輝塾に来られたその方は「各国のマナーには、その国の精神性や民族性が如実に表れている。諸国の食の背景を学ぶことが、その場のあらゆる文脈を読み解くヒントになることがよくわかりました。マナーとは、単なる作法ではなくて、さまざまな民族が一堂に会する場の、複雑な文脈を読み解く

知的技術なんですね」と仰いました。

このお言葉にも、私は大変感じ入りました。

私は常々、「**マナーとは、人をジャッジするものではない。まわりのすべてを幸せにする技術である**」と申し上げています。食事の場での「正しい振る舞い、所作」は確かにあります。けれども、その教科書的な「正しさ」が、その場での最上の振る舞いとは限りません。**そのとき、その場で、誰もが幸せな気持ちになれるよう、場の文脈を読み解くには、知的な想像力、つまりエンパシーが必要**とされます。

型どおりのマナーを身につけ、型どおりに振る舞えることはもちろん大事ですが、それ以上に「**正しくあること**」よりも「**相手への敬意を決して失わないこと**」。これに尽きると考えています。

ビジネスの場で、そのとき、その場の「最適解を選択できること」が、世界のエリートが身につけている教養なのです。

求められるのは「正しさ」よりも「敬意」

「マナーとはなんであるか」を考えるとき、「マナーの真髄」を端的に表す、あまりにも有名なお話があります。ご存じの方も多いと思いますが、ご存じない方のために、簡単にご紹介させてください。

ある国の女王が、外国の国賓をおもてなしするために、晩餐会を開きました。会は滞りなく進み、最後にデザートのフルーツが供されました。傍らには、汚れた指先を洗うためのフィンガーボウルが添えられています。

ところが、ある一人のお客様は、フィンガーボウルの使いかたをご存じなかったのか、間違えて指先を洗うためのお水を飲みほしてしまいました。

まわりのお客様が、その間違いに息を飲み、眉をひそめたその瞬間、女王がフィンガーボウルを手にし、平然としたご様子で、そのお水を飲みほしました。

間違いをおかしたお客様は、その場で恥ずかしい思いをすることもなく、みなが幸せな気持ちでパーティを後にしました。

会食の最中に、マナーについて断じることなく、お客様の恥を未然に防いだ女王。マナーによって人をジャッジするのではなく、ご自身の選択によって、その会に同席されたすべての人を幸せな気持ちへと導いています。

もちろん、お客様はこの後、女王がとった行動の真意について、周囲の誰かからお聞きになり、女王の振る舞いに感謝されたでしょう。

相手の儀礼違反や間違いに対する、女王と内親王の振る舞い

現在のイギリス王室や皇室においても、「教養としてのマナー」、「心あるマナー」をお見かけすることがあります。

十年ほど前のことです。亡くなられたエリザベス女王と、とある国の大統領夫人がバッキンガム宮殿で対面されたときのことです。

イギリスでは、女王陛下から手を差し伸べられる前に、自ら女王のお体に触れるのは重大な儀礼違反とされていますが、夫人はそれをご存じなかったようで、親しみをこめて女王陛下の肩に手を回されました。

その瞬間、一斉にカメラのフラッシュがたかれました。この写真が記事になれば、イギリス国民から「大統領夫人は、大変無礼である」と批判されかねない事態です。けれども、エリザベス女王は、カメラマンがシャッターを押すその瞬間、大統領夫人の腰に、ご自身の手をまわされ、夫人のマナー違反をカバーされたのです。女王の振る舞いは緊張の場面を一瞬であたたかいシーンへと変えました。

一方、日本の皇室では、このようなエピソードもあります。新年のとある行事で、立ち位置を間違えられた皇族のお一人に対して、愛子様がそっとお声をかけられ、その方が少しあわてたご様子で本来の立ち位置に戻られた、というほほえましいシーンです。

この年、愛子様はその行事に初めてお出ましになりました。初めてご経験される重要な場面では、ご自身のお勤めを果たされるだけでも大変なことです。それに加えて、皇室としての重要な公務を礼を失することなく心遣いされたのです。

同様に、ビジネスの場でも、そのとき、その場の「誰もが幸せになれる最適解を選択できること」が、真のエリートが身につけている教養です。

「食べる姿」に真のあなたが映し出される

「食べる」という行為は、「食欲・睡眠欲・性欲」という人間の三大欲求の一つです。食べる姿は、常に意識を向けない限り、もっとも素の自分が表れやすいもの。それでいて、三大欲求のなかで、唯一、公共の場で他者と行為を共有する、とても特別なものです。そんな無防備な「食べるという行為」に、いつなんどきでも「まわりへの配慮」「まわりへの敬意」が映し出されていれば、世界中どんな国でも、あなたに知性と美しさを感じるものです。「まわり」とは同席者、料理人、食器、食材の命、歴史、宗教、文化、自然、社会情勢、政治、経済など自分以外の万物のこと。そして、各国の食のマナーにこそ、万物を読み解くヒントは詰まっています。

本書では、第一部で、マナーを本質から考え、世界一美しい食べ方が身につく「小倉式・食事七則」をご紹介します。

第二部では「他国を知るにはまずは自国を」という思いから、日本の食の背景にある精神性について触れ、フランス、中国、イタリア、韓国、インド・ハラルフード、ビュッフェ、ファストフードと、できるだけ多くの国々の食の背景と美しい所作を網羅できるようまとめました。

多様化する社会で臆することなく、最高のあなたを引き出すことができますように。

2023年 早春

小倉朋子

世界のビジネスエリートが身につけている教養としてのテーブルマナー ― もくじ

第一部　食べ方を整えることは、生き方を整えること

1章　美しい食べ方には法則がある ――「小倉式・食事七則」

2章 教養としてのマナーを身につける
――世界で求められるのは「正しさ」よりも「敬意」

第二部 この知識と実践で、「一流の食べ方」は体得できる

1章 和食 ――自然に対する深い敬意が育んだ美しい作法

2章 フランス料理 ――世界最高峰と賞される美食文化の楽しみ方

3章 中国料理 ——大勢で分け合う大皿料理に見る仲間意識

4章 イタリア料理
——「健康」「悦楽」としての食の源流、ここにあり

5章 韓国料理――「世界随一の健康食」の源にある思想とは

7章 ビュッフェ・立食パーティ
――型どおりのマナーがないからこそ、品性が問われる場

8章 ファストフード
――カジュアルな食事にも品よく食べる方法がある

第一部

＊

食べ方を整えることは、生き方を整えること

Part 1

1章

美しい食べ方には法則がある

――「小倉式・食事七則」

美しい食べ方とはなんなのか――。
思えば物心ついたころから、ずっと考えてきました。
食文化ごとに違う定型の決まり事を守るだけではない、
もっと普遍的な美しい食べ方というものがあるはず。
そんな考えから編み出したのが「小倉式・食事七則」です。
フォーマルな場でも、カジュアルな場でも。
あらゆる食の場面で役立つ心得を、まず身につけましょう。

マナーとは「まわりへの配慮」である

「型」を守る以上に大事なこと

みなさんは、「美しい食べ方」と聞くと、どんなことを思い浮かべますか？

完璧なテーブルマナーが身についており、カトラリー（ナイフやフォーク）を正しく扱って料理を食べられる。そんな姿をイメージする人は多いのではないでしょうか。

でも、私は少し違う考え方をしています。

たしかにカトラリーを正しく扱えるようにするなど、テーブルマナーを身につけることも重要ですが、それがすべてではありません。実はもっと本質的に大事なことがあり、それを欠いていては「美しい食べ方」ができているとはいえないのです。

たとえば、次のような2人――仮に「Aさん」「Bさん」としましょう――を思い浮かべてみてください。

Aさんのテーブルマナーの型は完璧です。カトラリーの扱い方に間違ったところは1つもなく、まるで「テーブルマナーの教科書」を見ているよう。立ち居振る舞いにもスキがありません。

でも、Aさんと一緒に食事をしていても、なんだかちっとも楽しくありません。それもそのはず。というのも、Aさんの身のこなしは、どうも過度に形式張っているように見えて、ぜんぜんリラックスできないのです。おまけにAさんは、自分の手元にばかり集中していて、それでは楽しい会話が生まれるはずもありません。

結果、「お料理もワインもおいしかったはずなのに、なんだか肩が凝ったなあ……」なんてモヤモヤしながら、帰路につくことになります。

一方のBさんもまた、完璧なテーブルマナーを身につけています。

でもAさんと違うのは、すべての身のこなしが流れるように自然であるところ。

そのうえ、どうもBさんにとって一番大事なのは、マナーを守ることよりも、お料理やワインを楽しむこと、お店の人とのコミュニケーションを楽しむこと、そして何より、その場を共にしている人との会話を楽しむことであるように見受けられます。

そんなBさんと一緒に食事をしていると、こちらもリラックスできて、自然と会話は弾み、ほっこりと温かい気持ちで帰路につくことになります。

この2人のうち、本当の意味での「美しい食べ方」ができているのは後者、Bさんのほうであると私は考えているのです。

さて、テーブルマナーを身につけているという点では、相違ないように見えるAさんとBさん、いったい何が違うのでしょう。なぜ、一緒にいる人に与える印象や、共に過ごしている時間の質に、ここまでの差が生まれてしまうのでしょうか。

ひと言でいえば、両者の違いは「まわりへの配慮」の有無です。

Aさんは、自分がマナーの型を守ることばっかりに一生懸命で、まわりがほとんど見えていません。はたしてAさん自身、お料理やワインを味わい、その場を楽しもうとしているのかどうか……、それすらも疑問です。

一方、Bさんは、テーブルマナーを守るのは当然のこととして、そのうえで、みなが心地いい時間を過ごせるよう、まわりに気を配っています。「人の幸せが自分の幸せになる」と思っているのです。

だから、Aさんとの食事は肩が凝り、Bさんとの食事は、楽しく温かなものになるのです。マナーとは単なる型ではなく「まわりへの配慮」であり、それが行き渡っていてこそ本当の「美しい食べ方」になるのです。

マナーとは「あらゆる物への配慮」

先ほど、私は「まわりへの配慮」と述べました。

「まわりの人たち」としなかったことには、明確な理由があります。

私の考える「まわりへの配慮」とは、いかに「自分以外の万物に対して、自分勝手で礼を失する振る舞いをしないよう、配慮できるか」ということ。つまり心を配るべきは「人」だけではないのです。

同席者やお店の人たちはもちろん、料理、飲みもの、さらには食器、ナプキン、テーブルなどの道具類・調度品に至るまで、「縁あって一堂に会している万物」に対して細やかに気を配る、ということ。それだけではなく、食材を作ってくれた農家の人、水や土など自然、先祖、経済、鉱物……、目の前にある食事に至るすべてに感謝することです。

テーブルマナーとは「心の表現」であって「目的」ではありません。先に挙げたA

さんのように、**自分さえテーブルマナーを守ればいいのではなく、テーブルマナーという1つの「型」を守ることを通じて、すべてが感謝と幸せにつながる。**

こういう意識がなくては、テーブルマナーを学び、実践する意味はないといっても過言ではありません。つまり、**マナーとは「万物への配慮」である、というのは、結局のところ、個々人の生き方にも通じている**といえるのです。さらには、地球が変わるほどの力をもっているともいえるのです。

まず「配慮の勘どころ」を身につける

文化的背景は違っても、共通するものがあります

ここまで読んで、「何となく難しそう……」と思われた方もいるかもしれませんが、どうぞ安心してください。

本書では、世界から主だった地域の食文化を取り上げ、それぞれの特色とともに、その地で確立されてきたテーブルマナーを紹介していきます。

ところ変われば、テーブルマナーも違って当然。「単に型を守るだけで本質がわかっていない」という落とし穴にはまらないためには、それぞれのテーブルマナーの文化的背景、いわばマナーに込められた「心」の部分を知ることが、とても大切です。

ただ、本当の意味での「美しい食べ方」につながる「まわりへの配慮」として、常に根底に流れているべき意識は、文化的背景の違いによらず共通していると私は考え

ているのです。

それを具体的に7つの法則にまとめたものが、次に紹介する「小倉式・食事七則」です。

すべてのマナーを身につける必要はありません

世の中には星の数ほどのテーブルマナーがあり、ほんの1冊や2冊の教則本を読んだだけでは、とうてい網羅できません。専門家であっても、世界中にあるテーブルマナーをすべて把握し、実践することは難しいくらいなのです。

そんななかでノウハウだけを追い求めていると、「学んだことしか実践できない」という弊害が生じます。

たとえば、ある教則本に「ステーキの食べ方」は載っていたけれども、「魚のムニエルの食べ方」は載っていなかったために、ある席で「魚のムニエル」が出されたときに慌ててしまう……、といったことが起こりかねません。

でも、先ほどもお伝えしましたね。

テーブルマナーを守ること自体が目的なのではなく、テーブルマナーの型を守ることを通じて、みなにとって幸せなものにしていくという意識、「まわりへの配慮」が一番重要である、と。
世界には数多の食文化、数多のテーブルマナーがありますが、本書で紹介していくのは、主な食文化について、最低限、知っておきたいテーブルマナーだけです。なぜなら、「まわりへの配慮」の勘どころがわかっていれば、あとは最低限のマナーを知っているだけで十分といえるからです。たとえ正しい食べ方や振る舞い方、つまりノウハウがわからない場面に遭遇しても、臆することはありません。

「小倉式・食事七則」とは、いってみれば、食文化ごとに異なる細かいテーブルマナーはさておき、食事の席でもっとも重要な「まわりへの配慮」の虎の巻です。

ここで**お伝えしたいのは、「いかに食べるか」というノウハウではなく、「いかなる意識で食事の席に臨むか」という「あり方」「心持ち」の部分。**決して大げさでなく、フォーマルな宮中晩餐会からカジュアルなファストフード店まで、すべての食の場面**に共通するエッセンス**を抽出できているという自負があります。

そのうえで、食文化ごとに最低限、知っておきたいテーブルマナーを身につけていけば、きっと、世界中のどこの誰と食事を共にしても恥ずかしくない、それどころか一目置かれる振る舞いができるようになるでしょう。

【小倉式・食事七則】

第一則――フェイス・トゥ・フェイス

食事とは、ただ食べものを口に運ぶだけではなく、同席者とのコミュニケーションを楽しむもの。

下を向いた状態で、相手の顔を見ながら会話をすることはできませんから、「顔を上げる」というのは、食事の席で、最低限、心がけたいことの1つなのです。

顔を上げて、相手の顔を見ながら話をする。

そんなの当たり前、と思いましたか？

でも食事中は、特に意識する必要があります。当然ながら、料理はテーブルに置かれますから、無意識のうちに、視線も顔の向きも自分の手元に落ち、うつむきっぱなしになっている人が、とても多いのです。

「顔を上げる」のは
「自分以外の万物への
配慮」の表れ

下向きでは
場の空気を読み解く
ことができない

また、顔を上げることで、自然と視線が上がり、視野も広くなります。するとまわりの状況を把握しやすくなって、お店の人に声をかけるタイミングの見極めや、「混んできたから、あまり長居せず早めに出よう」、会食の場なら「寂しそうな人に話しかけよう」といった気配りの判断がつきやすくなります。

お店の人たちが、いかに細やかなサービスをしてくれているかなど、今までは目に留まらなかったところに気づくことも多くなるでしょう。自然と感謝の念が湧き上がるとともに、もっと自分からお店の人たちに配慮できるようになります。

「まわりへの配慮」とは、「自分以外の万物への配慮」——。

まさしく、この「フェイス・トゥ・フェイスの法則」は、同席者とのコミュニケーションを楽しむだけでなく、自分を取り巻く「公共の場」という環境そのものに、広く目配りできるようになるための心得なのです。

第二則——指先フォーカス

私はよく、「指先には、自分の心の表情が見える」と、生徒さんたちにお話しします。たとえば、緊張すると手のひらに汗をかいたり、指先が冷たくなったりしますよね。

世界のタブー

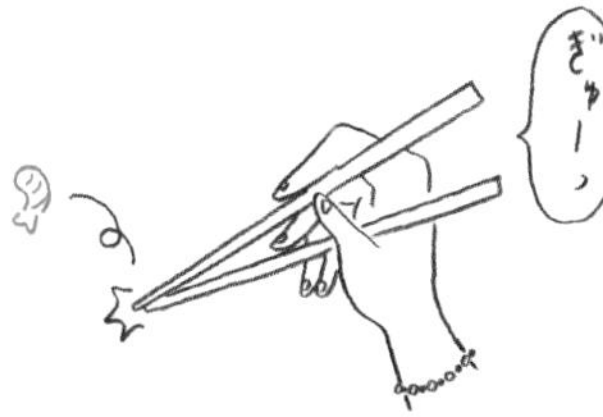

人差し指を反らせない

力まない

柄の下のほうを持たない

小倉の奥義

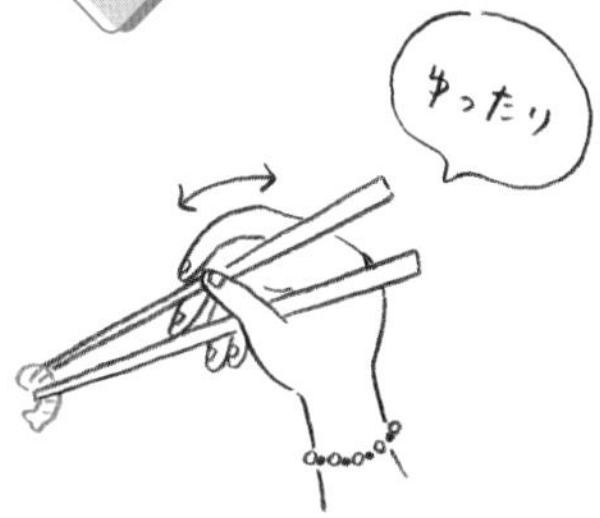

人差し指は「ふんわりアーチ型」に

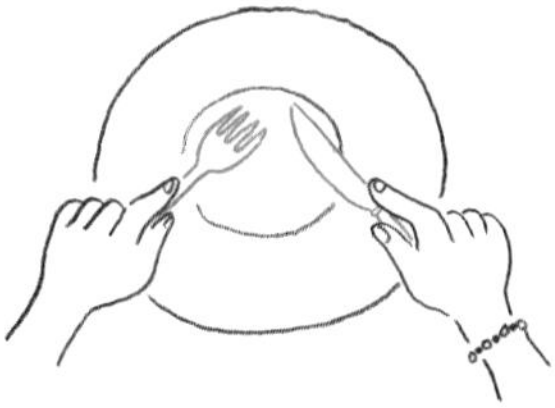

人差し指の力を抜いてふんわり

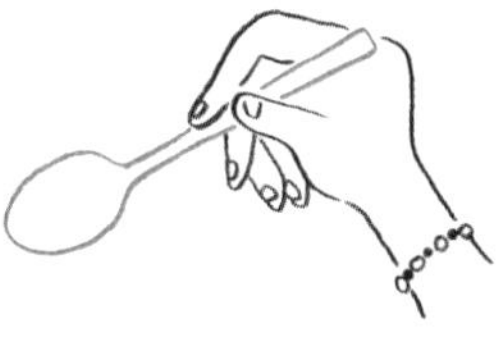

柄の上のほうを「指先３点」で持つ

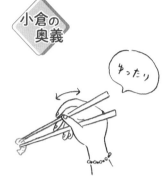

ことほどさように、人の心の機微は手に表れるもの。食事の席での指先も例外ではありません。緊張すると指先も緊張して、お箸やカトラリーの使い方などの所作がぎこちなくなったり、ぞんざいになったりしがちです。

しかも、食事をするとき、相手は自分自身の指先、こちらの顔、そうでなければ、こちらの指先を見ているものです。「動くものに目が行く」というのは動物の本能であり、食事中にもっとも動いているのは指先だからです。

つまり、こちらの指先は、相手の目に入りやすい箇所のトップ3に入るということ。緊張して指先がこわばっていると、それを目にした相手にも緊張が伝わり、居心地悪くさせてしまう恐れがあるのです。

私の教室では、お箸やカトラリーを持つときの指先の細かい動きを、ミリ単位でお教えしています。そこまで細かく指導するのも、自分の指先の動きひとつで、食事の場の空気が左右されるから。

テーブルマナーという「型」を守っていることを感じさせないくらい、柔らかく、自然にお箸やカトラリーを扱う指先からは、「心のゆとり」が醸し出されます。すると、場の空気まで和ませることができるのです。

ただし、これは一朝一夕で身につけられるものではないということも、お伝えしておかねばなりません。学び始めは、誰しも「型を守ろうと一生懸命」な感じが出てしまうもの。最初はそれでいいのです。

学ぼうとしなければ、変化は生まれません。意識が変わらなければ、行動は変わりません。最初はぎこちなくても、意識する、実践を続ける、場数を踏む。こうして少しずつ、心の余裕と指先の余裕を出せるようになっていきましょう。

第三則——一口一寸

「一口サイズに切って食べましょう」というのは、テーブルマナーの本によく書かれていることです。

でも、口のサイズは人それぞれ違います。「一口サイズに切って食べる」というマナーを守るには、まず、「自分の一口サイズってどれくらい？」と問うてみる必要があるわけです。

さて、あなたの一口サイズは、どれくらいでしょうか？

おそらく「実は、よくわかっていない」「考えたこともなかった」という人が大半だと思います。「そういえば、一口サイズに切ったつもりが、口に入り切らなくて、エイッと押し込んでしまうことがよくある」という人もいるかもしれませんね。

切ったサイズが、自分の口に対して小さすぎた場合はまだしも、大きすぎた場合は、口の中が食べものでいっぱいになってしまいます。

「食べる」のも「話す」のも、1つしかない口の役割ですから、食べものをほおばった状態では、会話が途切れてしまうでしょう。

それに、ほっぺたをパンパンにして、いつまでもモグモグと口を動かしている姿は、あまり美しいものでもありません。

こうした配慮に欠ける振る舞いを避けるために、**まず「自分の一口サイズ」を知ること。これに加えて、「だいたいの咀嚼回数」も把握していると、なおよし**です。

すると、「食べものを口に運ぶ→咀嚼して飲み込む→言葉を発する」という循環のテンポがよくなります。「モグモグしながら話す」という見苦しさを避けつつ、上手に「食事をしながら会話を楽しむ」ことができるようになるのです。

それだけではありません。

すぐに咀嚼できる量なら、
会話がはずむ

一口の量が多いと、うまく
咀嚼できず会話のリズム
が乱れる

自分の一口サイズを知っていると、食事のペース配分もできるようになります。ゆっくり食べる人と食事をするときは、自分の一口サイズよりも少し小さめに切り、いつもより数回、多く咀嚼してペースダウンする。

速く食べる人と食事をするときは、自分の一口サイズよりも少し大きめに切り、いつもより数回、少なく咀嚼してペースアップする。

こうしたペース調整により、相手と同じくらいのタイミングに食べ終えるというのも、「周囲への配慮」の1つです。

ぜひ次の食事のときにでも、自分の一口サイズと咀嚼回数をはかってみてください。

今までは無意識だった自分の食べ方に目を向け、幼少期から現在に至るまでの間に形成されてきた回路、自分のクセに自覚的になること。こうして己を知ることとすべてが、美しい食べ方につながっています。

第四則――自分ベクトル

まわりに配慮するには、「自分の心のベクトル」は外向きである必要があります。

しかし、お箸やカトラリーは内向きでなくてはいけません。

ナイフやフォーク、お箸の先端を相手に向けない。食事とは、ただ自分のお腹を満

指し箸は厳禁！

お箸は箸置きに置き、相手に
箸先を見せない

持ち上げたままのフォークは、相手
の視界に刃を入れ続けることになる

カトラリーの刃は
常に自分側へ

たすためだけにするものではなく、きちんと相手にも気を配りながらするものであるというマナーの基本が、ここにも表れています。

これは、テーブルマナーの規則にはなく、海外のセレブリティも気にしていないことです。実は、私が両親から特に厳しく教え込まれた「小倉家」のマナーであり、今も私の柱としてお伝えしていることです。

なかでも洋食の場合は、「刃先を相手に向けないこと」さえ完璧にできれば、ほかのことは強いて覚えなくても、自然に美しい食べ方ができるようになる。そういっても過言ではないくらい大切なことなのだと、つねづね教室でもお話ししているのです。

第五則——ノイズキャンセル

「ノイズ」とは「騒音」「雑音」のこと。

クチャクチャと音を立てて咀嚼する、スープやパスタをズーズー、ズルズルと音を立てて食べる。ドンと乱暴にコップやワイングラスを置く、フォークやナイフをキーキー、キコキコ言わせる……。

こうした耳障りな「音」を起こさないようにするというのは、おそらく想像がつい

小倉の奥義

ナイフとフォークの音を
立てないコツは、
「押して切る」のではなく
「引いて切る」こと

世界のタブー

香水や化粧などの香り

スープをすする音

華美な装飾

たでしょう。

実は、こうした「音」以外にも、食事の場の騒音、雑音になりうるものがあります。たとえば、ジャラジャラした時計やアクセサリー、尖ったネイルなどは、見た目は美しくても、お店の食器やテーブルを傷つける恐れがあります。

また、過度な香水は、食べものや飲みものの香りを邪魔します。特に懐石やお寿司など繊細な香りも含めて楽しむ和食をいただくときは、気をつけたほうがいいでしょう。

長い髪の毛も、食事の場でなければチャームポイントかもしれませんが、食事中に体を傾けるたびに顔の横に流れてきて、しょっちゅう手でかき上げるのは、決して美しい振る舞いではありません。

髪の長い人は、最初からまとめ髪にして行くか、食事が始まる前にサッと髪を結ぶなどの気遣いが必要です。

このように、耳に入る「音」だけでなく、お店に被害をもたらしたり迷惑をかけたりするもの、料理を邪魔するもの、食事の場の景色を乱したり、同席者に不快な思いをさせたりするもの、すべてがノイズなのです。

そういう意味でのノイズは、ここに挙げたもの以外にも無数にあります。

少し意識して自分が出しうるノイズに気づき、事前に対処できるようになるだけでも、みなさんの「まわりへの配慮」のレベルは一気に上がるでしょう。

第六則──絶景キープ

ここで言う「絶景」とは、料理の盛り付けのこと。

特に和食や洋食は、舌で味わうだけでなく、美しい盛り付けを目で楽しむものでもあります。料理人が趣向を凝らした盛り付けは、まさに1つのアート、芸術作品といっていいでしょう。

その**絶景の作者である料理人を尊重し、なるべく最後まで崩さないように食べましょうというのが、この「絶景キープ」の法則**です。

料理の盛り付け方は1つではありません。「山」のように下から順に盛り付けられている形もあれば、「面」を連ねるように盛り付けられている形もあります。

そこで重要なのが、料理を出されたときに、「この料理は、どのように食べていったら絶景を保てるだろうか」と考えること。

「これは何だろう?」「この部分を先に食べたい」などと、自分の興味や好みに任せて、料理の「山」を下のほうから崩したり、「面」の奥のほうから引きずり出したりしてはいけません。料理を突っつく、ほじるなども論外です。

もちろん料理は、最終的にはお皿からなくなるものですが、「お腹の中に入ったら同じ」なのではなく、食べていくプロセスを大切にしてください。

なるべく最後まで盛り付けの美しさを保つのが、料理をいただく側として払うべき敬意というもの。何となく食べ始めると、そんなつもりはなくても、パタン、クシャリと盛り付けが崩れてしまいかねません。

お皿の上の景色というのは、自分で思っている以上に、同席者をはじめ、お店の人、隣席の人たちなど、他者の目に入りやすいものです。お皿の上の絶景をみだりに崩すことは、まわりの人たちの居心地を損ねることにもつながるというわけです。

そうならないよう、少しの間、料理を眺めて「食べ方の戦略」を立てる。

ただ「わあ、きれい」と盛り付けを愛でるだけではなく、同時に頭も働かせることで、まず料理に対し、そして、その場を共有しているすべての人たちに対して、きちんと配慮することができるのです。

世界の常識

盛り付けの美しい景色を
崩さないよう、バランス
よく食べる

世界のタブー

奥から取るなど盛り付けを崩す
食べ方はNG

ポイントは、「盛り付けが、どこから始まり、どこで終わっているのか」を見極めることです。

下から始まって上で終わっている場合は上から、奥から始まって手前で終わっている場合は手前から、という具合に、**盛り付けの「終わり」を見極めれば、たいていは絶景を崩さずに食べ進めることができる**でしょう。

この心得が身につくと、きちんとした和食や洋食のみならず、チャーハンやカレーといったカジュアルなものを食べるときも、お皿の上の絶景を損なわず、周囲から「上品だな」と思われるような美しい食べ方ができます。

第七則――エンディング美

食べている最中は周囲への配慮ができていても、最後の最後、席を立ってお店を出るというときに配慮が欠けていたら台無しです。

日本には「立つ鳥、跡を濁さず」という教えがあるように、**料理を食べ終えてお店を出る瞬間まで配慮を行き届かせることで、そこで過ごした時間が素晴らしいものとなる**のです。

小倉の奥義

食後のお皿は、なるべくすっきりした器が理想。
魚の骨は半分に折って、右奥へまとめる

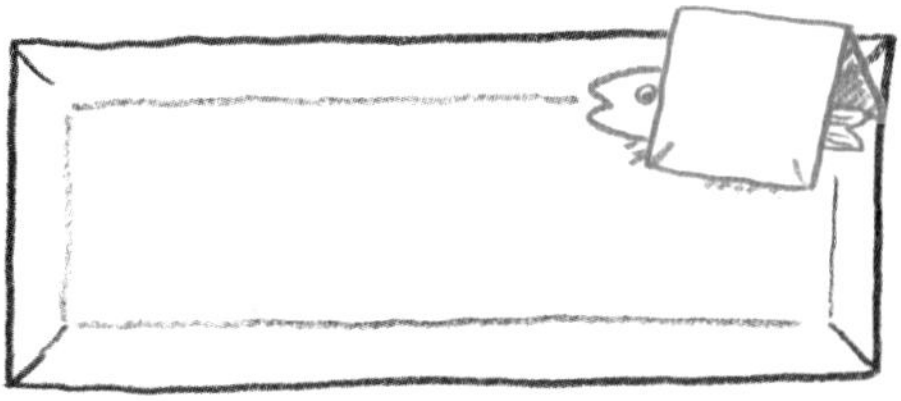

山折りにした懐紙で隠すと、なお良し

世界のタブー

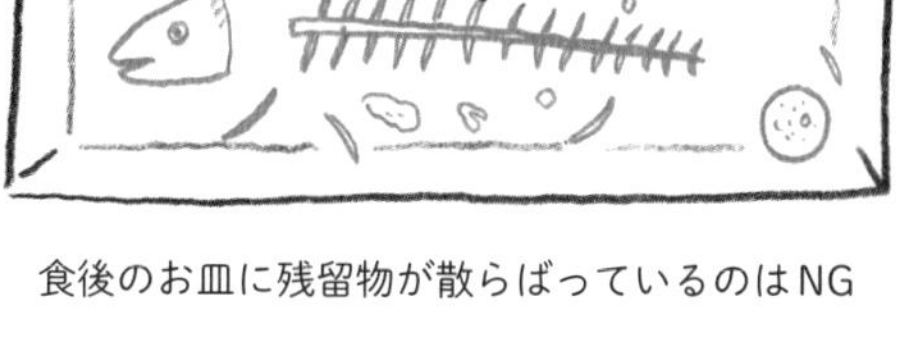

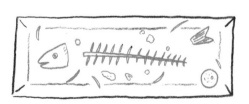

食後のお皿に残留物が散らばっているのはNG

料理を食べ終えたとき、あるいは会計を終えて「そろそろ出ようか」というとき、みなさんは、どうしていますか？

ここで、ほんの少しの配慮ができるかどうかが、本当に美しい食べ方ができる人とできない人の分かれ目です。

まず、料理を食べ終えたら、お皿を見てみましょう。食べものを残さないというのはもちろんですが、魚の頭や骨などの残留物がお皿のあちこちに散らばっていたら、お皿の右奥にコンパクトにまとめます。

お皿が下げられ、何もなくなったテーブルにも注目です。サッと見渡してみたら、知らないうちに料理のソースが飛んだりしているかもしれません。

テーブルクロスにシミをつけてしまったことに気づければ、最後にお店の人にひと言、言い添えることができます。クリーニング代として上乗せの支払いができれば、なお上客です。金属製、木製など拭き取りが可能な素材であれば、素早く自分のティッシュを取り出して拭います。

そして最後、お店を出るとき。サッサと席を立って、お店の出口にまっしぐらというのはよくありません。おいしかった料理や行き届いたサービスに対する感謝の気持ちは、いったい、どこに行ってしまったのでしょう？

最後に最大限、感謝を伝えたいという思いの込もった「ごちそうさまでした」「お世話になりました」のひと言だけでも、人の心に響きます。

言葉の力はあなどれません。自分の発した言葉は周囲に響くと同時に、自分自身にこだまします。

心の込もった言葉ひとつで、自分と同席者はいっそう満足感を抱き、お店には好印象を残しつつ、二度とないその時間を締めくくることができるのです。

2章

教養としてのマナーを身につける

――世界で求められるのは「正しさ」よりも「敬意」

美しい食べ方、テーブルマナーというと、
どうしても「セレブリティのもの」というイメージがつきまとう。
そのために、「結局は『育ち』の問題でしょう?」
などと思われがちです。
でも、断じて、そんなことはありません。
私の教室には、御年80歳で美しいお箸の持ち方を習得され、
人生をいっそう輝かせていかれた方もいらっしゃいます。
「育ち」どころか「年齢」だって、いっさい関係ない。
誰でも、いつからでも身につけられるのです。
「生まれ育った環境」は選べなくても、
「未来」は「今」から変えられます。

食事の席の緊張感を「愛でる」ということ

「美しく食べよう」と思ったら、緊張して当たり前

ごく基本的なマナーさえわかっていれば、どのような場所で、誰と過ごすのも恐れることはない、というのが私のスタンスです。

すでにお伝えしてきたように、食事の席で重要なのは、マナーという「型」を守ること自体ではなく、「まわりへの配慮」の気持ちから自然にマナーが生まれ、その場、その時間を共に豊かに過ごすことこそが大切だからです。

そうはいっても、「美しく食べよう」と思ったら、誰だって緊張するでしょう。

私の教室では、生徒さんたちに「緊張して丁寧に動いてみましょう！」と言って、ピンと張り詰めた空気を出す時間をあえて作っています。

美しい食べ方とは、一定の緊張感があって初めて成立するもの。自分のことだけの緊張感ではなく、公共性のある「上質な」緊張です。いくら場数を踏んでも、緩みきった気分では、美しく食べることなどできないのです。

会食の場でも、ひとりで食事をする場合も、「美しい食べ方」は良い緊張感あってこそという点は変わりません。

緊張感を慈しめると楽しくなりますよ。生徒さんも回を重ねるごとに「この緊張感が、逆に日ごろのストレスを消してくれる」「心地よくなってきました」「この緊張感が病みつきです（笑）」と言ってくれるようになります。

その緊張感は、向上心の表れです

食事のマナーを体得するプロセスとは、いってみれば、緊張感の質を変えていくプロセスでもあります。

最初は「見られて恥ずかしい」「間違えたらどうしよう」といった恐れが大半を占めている緊張感を、次第に、自分を凜とさせ、まわりの隅々にまで神経を行き届かせる心地よい緊張感へと変えていく。

いっさい緊張しなくなることではなく、同席者や、お店の人たちとの間に流れる緊張感を愛でることができるようになることを、私は「マナーの体得」の第一歩と考えているのです。

最初は恐れからくる緊張感が勝るあまり、「嫌だな」「面倒くさいな」と投げ出したくなるかもしれません。

そんなときは、こう考えてみてください。

いつも何となく食べている人は、そもそも食べることに緊張なんてしません。

つまり、緊張するのは、「美しく食べよう」「自分の食べている姿は美しいだろうか？」と意識しているから。ということは、その緊張感は自分の向上心の表れなのです。

そんなふうに考えると、食べるときの緊張感は忌むべきものであるどころか、たいへん貴重で愛すべきものに思えてきませんか？　そこから始めましょう。

知識をもって振る舞い方を「選べること」こそ教養

自分さえマナーを守っていればいい、わけではありません

今までの話で、「マナーは自分のためのものではなく、まわりへの配慮である」ということはご理解いただけたかと思います。

自分さえ豊かな知識があればいい、正しいマナーを実践できればいい、ということではなく、食事の場を共に豊かに過ごすために役立ててこそのマナーなのです。

「教養」とは、いったい何でしょう。豊かな知識があることでしょうか。いっさいのスキなく、徹頭徹尾、正しい立ち居振る舞いができることでしょうか。

いいえ、いずれも違います。

教養とは、豊かな知識を蓄えたうえで、そのつど、「場にふさわしい選択ができる」

ということです。
食事のマナーでいえば、まわりを見て、「あえて正式なマナーではないこと」をするのも選択肢の1つということ。まわりに目を向けず、自分ひとりでマナーを守って悦に入るのは、単なる独りよがり、自己満足に過ぎません。

1つ、わかりやすい例を挙げましょう。

後でも詳しくお話ししますが、中国料理では、あえて食べものを残したり、テーブルを汚したりするのが伝統的なマナーです。日本や欧米で生まれ育った人から見ると、まったく正反対の美意識に基づく慣習があるのです。

さて、あるとき、中国料理店で会食が開かれたとしましょう。

本書で中国料理のマナーを学んでいたあなたは、その心得をもって臨みました。

ところが同席者たちは、何も残さずきれいに食べるし、テーブルもいっさい汚しません。そこであなたは、「なんだ、この人たちは中国料理のマナーを知らないんだ。教養がないな」と呆れ、自分だけ中国料理のマナーを守ることにしました。

はたしてこれは、「教養ある人の美しい食べ方」と言えるでしょうか。

みながきれいに食べているなかで、ひとりだけ料理を残し、テーブルを汚したあなたを見て、まわりの人たちが眉をひそめたのは、周囲への配慮に欠けていたということになります。

教養の豊かさとは、選択肢の豊かさ

今までお話ししてきたことを、ここでも思い出していただければと思います。

「マナーは自分のためのものではなく、まわりへの配慮である」。

では、いったいどうするのが正解だったのでしょう。

そもそも何のためにマナーがあるのかというと、なるべくまわりとの差異や不協和音をなくし、歩調を合わせるためです。食事のマナーという共通コードを互いに使うことで、みなが心地よく過ごせるわけです。

ひとりだけ料理を残し、テーブルを汚したあなたは、中国料理のマナーはきっちり守っていたかもしれません。

でも、そんなあなたを見て、まわりの人たちが眉をひそめたというのは、周囲への配慮が欠けていたということ。自分ひとりがマナーを守ることで、むしろ周囲との差異、不協和音を生み出してしまったのです。

ですが、恥をかくのは自分で、他人に恥ずかしい思いをさせてしまったのではない点が、このケースのせめてもの救いです。

したがって、この場合は、「あえて残す、汚すのが中国料理のマナー」と知ってはいても、周りに合わせてきれいに食べたほうがよかった、ということになります。

誤解のないようにお伝えしておきたいのですが、これは周囲を窺い、日和見的に振る舞おうということではありません。

正しい知識という太い支柱をもったうえで、こうした臨機応変の選択を主体的に下せることを「教養」と呼ぶのです。

「何となく食べる」のは、「何となく生きる」のと同じ

食べ方を意識するのは、相手がいるときだけでいい？

「正しいマナーで食べる」ということにとらわれていると、ついつい見過ごしがちですが、「食べる」という行為は、生きるための行為です。

動物は外から栄養を補わなくては、生命を維持できません。その「食べる」という動物的な行為が、知能の高い人間によって文化・文明として発展し、そのなかで生まれた美意識から確立されたものが食事のマナーというわけです。

それでもなお、「生きるために食べる」という食の機能は変わりません。

ですから、食をないがしろにすることは、生きることをないがしろにしているのと同じ。日々の糧を目の前にしながら、真摯に向き合わずに何となくお腹を満たすのは、

何となく生きるのと同じ。そう考えても、決して大げさではないでしょう。

今まで、「マナーは周囲への配慮である」と繰り返しお伝えしてきましたが、「美しく食べること」を意識していただきたいのは、誰かと一緒に食事をするときだけではありません。

まわりに他者がいなくても、目の前の料理と真摯に向き合い、丁寧に食べる。

なぜなら、そこには、この世で一番大切な人がいるからです。

もう、おわかりでしょう。それは自分自身です。

誰よりも大切な自分自身のために、何となく食べて何となく生きることをやめて、真摯に愛おしむ時間にしていただきたいのです。

「いただきます」「ごちそうさま」から始まる

私たちは1日に3回、食事をします。つまり、食を通じて自分自身に目を向け、生きることに向き合うチャンスが、日ごと3回もあるということ。このチャンスをみすみす逃す手はありませんね。

食事の時間は、大切な自分自身と、その大切な自分の命の糧の両方がそろう時間。

このように心得て、毎日の食事に丁寧に向き合うようにしていきましょう。

「何を食べるか」だけが問題なのではありません。何であれ「いかに食べるか」を常に意識することで「食べる」という行為が磨かれ、ひいては生き方にも磨きがかかっていくのです。

何も難しく考える必要はありません。たとえば1人で食事をするとき、「いただきます」「ごちそうさま」と声に出して言っていますか？　まずは、こういうことから心がけるだけでも大違いです。

「食べる姿」はビジネスパーソンの評価に直結する

「食べる姿」は他人の心にしっかり焼き付いています

マナーというと「どう振る舞うか」というノウハウの部分にフォーカスされがちですが、本当に重要なのは「意識」であると私は考えています。

生きるための三大欲求「食欲・性欲・睡眠欲」のうち、他人に見られ、大人数の人と共に空間や時間を共有し、人間性や社会性が問われるのは「食」だけです。

無意識に何となく食事をしている人で、美しい食べ方ができる人はいません。

今、自分はどんな食べ方をしているのか、美しい食べ方とはどういうものか。まず自分の現状に気づき、そして「変えていこう」という意識があって初めて行動が変わり始めます。意識の変容が、「どう振る舞うか」というマナーのノウハウを身につける土台となるのです。

特に食べ方においては、「現状に気づき、変えていこうと意識する」ということが、比較的難しいものです。

なぜなら、自分の食べ方を自分で見ることはできないからです。

たとえば「きれいな字を書けるようになりたいから、ペン習字を習おう」というのは、多くの場合、自分の字にコンプレックスがあるからでしょう。

自分で書いた文字は嫌でも自分の目に入ります。つまり「自分の現状に気づき、変えようと意識する」という意識変容が起こりやすいといえます。

ところが「食べ方」となると、そうはいきません。

一度、鏡の前で食事をしてみればわかると思うかもしれませんが、まったく鏡を意識せずに食べるのは難しいと思います。鏡がある時点で何らかの意識が働き、普段の食べる姿とは違ってしまう可能性が高いでしょう。

自分の食べる姿は、自分では見られない。けれども、他者からはすごく見られているというのが、非常に厄介です。

食べ方には生き方が表れるもの

しかも、仕事の誤りなどを指摘するのとはわけが違いますから、家族や、よほど近い間柄でもない限り、大人同士で食べ方を注意するというのは、ほとんどないことでしょう。というわけで、ひょっとしたら自分では気づかないうちに「うわ、この人の食べ方はちょっと……」と、ジャッジされているかもしれないのです。

「食べ方をジャッジされたところで、自分という人間の評価には影響しない」と思われたとしたら、とんでもない話です。

食べ方は、間違いなく人物評価に直結します。いわゆるエリート層ではなおのこと、その傾向が強くなりますから、美しい食べ方ができることがビジネスパーソンの素養の1つでもあるというのは、もう言うまでもないでしょう。しかし私は、そのような「ジャッジ」「評価」が好きではありません。私がマナー教室を始めたのは、そのように「食べ方だけで損をする人がいなくなりますように……」との思いからです。

少し余談になりますが、たとえ初対面の方でも、その方の食べ方に触れると、たいていは、その方の性格からライフスタイルまで、さまざまなことが透けて見えてくるものです。たとえば、「独身のひとり暮らし」「子育て真っ最中」「甘いものが大好き」

まいます。

「忙しい生活の人」「少し悩みを抱えている人」といったイメージが私は想像できてし

だからといって、相手を「決めつける」ことは絶対にしません。

ただ、幼少のころより「食べること」についてオタクになるほど考え、また多くの生徒さんを見てきた私自身の経験から、総合的に予想がついてしまう。そして、それは十中八九、的中しています。食べ方には、生き方が表れるのです。

ここに、私がことさらに「まず、意識が大事」とお伝えしている理由があります。

自分の食べる姿は自分では見られない。

けれども、他者からはすごく見られていて、しかも人物評価の元にもなりうる。

だからこそ、努めて「今、私はどんな食べ方をしているかな？」と自身に目を向け、「もっと美しく変えていこう」と意識できるかどうか。食べ方への意識は、今後の人生を好転させるきっかけになるはずです。

マナーを意識することで変わるのは、「食べ方」だけではない

食べ方を変えると「やせる」「健康になる」……何も不思議ではありません

意識が変われば行動が変わるというのは、何も正式な食事の場に限った話ではありません。

「意識して会食でのマナーを守る」というだけでは実に表層的な行動変容、いってしまえば対処療法です。むしろ意識的に「普段の食べ方」から変わることが、どのような正式な場に出ても恥ずかしくない美しい食べ方につながると考えてください。

いくつか例を挙げてみましょう。

・食事の前には「いただきます」、食事の後には「ごちそうさま」と言っているか？

・お皿を移動させるときに、引きずらずに少しの距離でも持ち上げているか？
・お箸を正しく持っているか？

ごく日常的な食事で、こうした基本を守っていなくては、正式なマナーを身につけることもできません。極端なことをいえば、カップラーメンを美しく食べることも、宮中晩餐会でマナーを守ることも、通底している意識は同じといえるのです。

このように「食べ方」に意識が向くようになると、不思議と食事の量や質も変わっていくものです。おそらく食べ方を意識し、日々、丁寧に食べるようにすることで、必然的に、食べものと丁寧に向き合うようになるからでしょう。

たとえば、やむを得ずインスタント食品で食事を済ませるとしても、切るだけで食べられるトマトやキュウリを添えるなど、少しでも健康的な食事にする工夫ができるようになります。

私自身はインスタント食品の類を仕事以外ではほとんど口にしないのですが、教室の生徒さんたちには、現実にこうした変化が起こっています。

また、食べ方に意識を向けることは、早食いや過食の予防にもつながります。実際、太りやすい体質の生徒さんが、私の教室に通い始めてから自然と3〜4キロやせるというのは、よくあることです。1年で7キロも減量した生徒さんもいます。

このうれしい副産物は、「食べ方を意識する＝丁寧に食べる＝ゆっくり食べる＝ちょうどよいところで満腹を感じ、満ち足りた気持ちになる」という変化が積み重なった結果でしょう。

ゆっくり食べることで、適量を食べた時点でちゃんと満腹中枢が刺激される。こういう生理学的な作用に加えて、丁寧な食事によって生まれる精神的な満足感が、食べすぎを防いでくれるという作用もあると考えられます。

食べものと丁寧に向き合っていると、「ちょっとたくさん作りすぎちゃったけど、全部食べてしまおう」といった衝動的な食行動も自然と抑えられます。「多かった分は、次の食事にとっておこう」という発想が働くようになるのです。

さらには、風邪を引きにくくなった、お通じがよくなった、頭痛が解消された、長年の持病が完治したなど、体調がよくなったという声も多く寄せられています。

ここまでくると、「それは本当に食べ方を変えたおかげ?」と疑問に思われるかもしれないのですが、みなさん、「ほかに何も変わったことはしていないのだから、きっとそうだ」と口をそろえるのです。

しかし、それは至極理に適った結果なのです。自分の体に入れるものと対話することで、自分の感度が磨かれ、精神的な充足感が、腸内環境や血流の流れを変え、体調改善につながるという一面があるのです。

自然と自己肯定感も上がる、その理由

食べ方を意識していると、表に見える所作が美しくなるだけではありません。この意識には、「食べる」という行為そのものの内実にも影響し、自分自身を大きく変える力があるのです。

すると、もっと大きな変化が起こります。自己肯定感が上がるのです。

今までは何となく済ませていた1日3回の食事と、毎度、丁寧に向き合う。

これは、習慣的な惰性で食べるのではなく、毎度、五感で捉えながら納得して食べるということ。

言い方を変えれば、目の前にある食べものと向き合い、感謝し、そして「食べることで命をつないでいる自分自身」を丁寧に扱い、慈しむということです。

そう考えれば、自己肯定感が上がるというのもうなずけるのではないでしょうか。

そのなかで、先に述べたように、より健康的な食事にする工夫ができるようになる、早食い・過食が抑えられてやせる、といった目に見える変化が起こったら、それがまた自信につながるでしょう。

もちろん、正しいマナーを身につけ、所作が美しくなること自体、「どんな場に行っても怖くない、恥ずかしくない」という堂々たる自信を生んでくれます。

すべて、私の教室の多くの生徒さんに実際に起こっている変化です。こうしたさまざまな変化を目の当たりにするごとに、「食べること」は「生きること」であり、「食べ方を変えること」は、「生き方を変えること」なのだと改めて感じます。

料理を表現する「語彙力」にマナーと教養が表れる

五感で味わい、自然と言葉をあふれさせる

私の教室では、毎回、レッスンの1つとしてちょっとしたお菓子をお出ししています。

生徒さんがお菓子を食べ終えたら、必ず感想を言ってもらいます。おいしいと思っても、黙って食べてしまうことが、私たちは案外多いものですね。食べたものを、ただ「おいしかったです」だけではなく、自分なりの言葉で表現することで作った人や料理そのものを労う気持ちが養われます。

基本のマナーを守れることが、まずは肝心です。そのうえで、自分の言葉で感想を

表現できるというのは、教養深い大人のたしなみなのです。外食ではお店に対する敬意と労いの表れであり、また、食事を介したコミュニケーション能力の証でもあります。食事の席の語彙力は、磨いておいて損はありません。

語彙力といっても、一番大切なのは、やはり意識です。

何となく口に運んでいては、感想など生まれるべくもありませんが、目で、鼻で、触感で、舌で味わえば、何かしら言葉が出てくるはずなのです。

たとえば、「色合いが春らしいですね」「〇〇のよい香りがします」「サクサクとした歯ざわりが心地よかったです」「やさしい甘みで心が和みました」など。このとおり、何も難しい言葉を使う必要はありません。

食事の席で使える美しい日本語

自分の言葉で表現する以外に、食事の席で役立つ美しい日本語もたくさんあります。

ふだん使っている言葉を少し言い換えるだけでも、ぐんと品性が高い印象になるのです。食事の席での言葉については、いずれ一冊にまとめたいと思っているのですが、ここでは、なかでも代表的な言い換え例を挙げておきましょう。

①

目上の方にごちそうになったとき

×「ごちそうさまでした」

○「とても楽しく過ごしました。ごちそうになってしまい、申し訳ございません。ありがとうございます」など、まずは〝場〟を共にした感謝の気持ちも添えましょう。

②

お酒を断るとき

×「ごめんなさい、私、お酒は飲めないんです」

○「ごめんなさい、私、不調法なもので」

ストレートに「飲めない」と言うよりも、へりくだった表現が場を和ませます。

③

食事中にカトラリーを落としてしまった

×「すみません。新しいフォークをください」

○「恐れ入ります。新しいフォークをお願いできますか？」

さっと手を挙げて、疑問形で伝えるとより丁寧で優しい印象になります。

④　**二次会に誘われたけれど行きたくない**

×「今日はやめておきます」

○「明日のお仕事を頑張りたいので」

ポジティブな理由で断ると、場が和み、引き止めづらいものです。

⑤　**大皿に残った料理の最後の1つに誰も手をつけない**

×「私がいただいちゃいますね」

○「召し上がりませんか？」と周囲に促し、誰も食べる人がいなければ「次のお料理がくるので、私がいただきますね」と自分のお皿へ。まずは周りへの配慮から。

⑥　**コース料理の途中でお腹いっぱいになり、食べきれそうにない**

×黙って残す。

○「次から少なめでお願いします」とお店の人に伝える。

黙って残すより、早めにオーダーするのがエレガントです。

⑦ 寿司店など、アラカルトで注文する店のとき

×「おすすめは何ですか？」

○「白身が好きなのですが、本日のおすすめは何ですか？」

自分の好みを伝えたうえで、おすすめをお聞きするとよいでしょう。そのほうが、相手も選びやすく、その後の流れも考えやすいものです。

⑧ 接待中なのに、食事の途中でトイレに行きたくなってしまった

×こっそり黙ってトイレに立つ。

○「お化粧室に行ってきます」と近くの人に告げて席を立つ。

食事中に席を立つことはお店の人にも同席者にも失礼になります。会食の際は事前にトイレを済ませておくことが肝要ですが、やむを得ない場合は、心配させないために近くの人にだけ告げて、静かに席を立ちましょう。

本当に大事なのは、相手が楽しむこと

マナーを学んで、いざ会食。そのときは……？


どのような場でも、正しいマナーを使えるに越したことはありません。

基本のマナーを知っているだけでも、臆せず堂々と振る舞えますし、それが周囲から一目置かれることにもつながるでしょう。

でも、マナーを気にするあまり、心も体もガチガチに固くなっては本末転倒です。前にもお伝えしたとおり、本当に美しい食べ方とは、「自分以外の万物への配慮」です。

テーブルマナーという型を守ること自体が重要なのではなく、互いの差異や齟齬を極力小さくしたうえで、より充実した時間を共に過ごすために、マナーという共通の約束事があるのです。

もっと簡単にいえば、一番大事なのは、その場を楽しむこと。だからといって無礼講では自分が楽しいだけですから、「まわりへの配慮」としてマナーを学ぼう、使おうという意識は必要というわけです。ですから、いざ会食となったときには、とにかく楽しむことを最優先に考えてください。学んで自分の中に落とし込んださまざまなマナーは、いったん忘れてしまってもいいくらいです。

心配することはありません。

マナーを学んでいる時点で、すでにあなたは、「美しく振る舞おう」という意識を獲得しています。完璧なマナーをマスターしていなくても、その意識さえあれば、まず間違ったことにはなりません。安心して、食事の席を楽しみましょう。

世界のセレブは「マナーの達人」ではなく「楽しむ達人」

それでも不安な方のために、私の見聞をお話ししておきますね。

私は、幼少期には両親に連れられて国賓クラスの方々とご一緒し、また、大人になってからは、外交官の方々にテーブルマナーをご指導したり、大企業の広報として、世界各国の要人、セレブリティとの会食やパーティを数多くアレンジしてきました。

そう聞くと、さぞかし配慮の行き届いた、完璧なマナーの人たちばかり見てきたのだろうと思うでしょうが、そんなことはありません。むしろ、くだけた印象のほうが強く残っているのです。おそらく、あえてマナーを気にしない人もいれば、そもそもマナーをさほど知らない人もいたのでしょう。

ただ1つ、共通していたように思うのは、マナーはどうあれ、みなさん、全員を楽しませるすべは知っているということです。

たとえば、寂しい思いをする人がいないよう、まんべんなく話を振る、ウィッティな会話で場を和ませる、いろんな方と積極的にお話しするなどにおいては、みな冴え渡っていました。

まわりの人たちと楽しく交流することが会食やパーティの第一の目的なのですから、それでこそセレブリティらしい振る舞いといえるのです。

「マナーはさておき、楽しむことを最優先に」とは、マナーの本にあるまじき話に聞こえたかもしれません。でも、本書を読んだ方が、今後、マナーにとらわれすぎてしまうのは、私の本意ではありません。

マナーというノウハウをお伝えするものだからこそ、その土台として大事なマインド、「食事の場を楽しむ姿勢」を失わないようにしようということは、ぜひお伝えしておきたいのです。

第二部

＊

この知識と実践で、「一流の食べ方」は体得できる

Part 2

1章

和食

——自然に対する深い敬意が育んだ美しい作法

「八百万の神」——万物に神が宿るという神道の思想は、
古来、日本文化に息づいてきました。
自然に対する畏怖の念、敬意の心から生まれた美しい作法は、
まさに和食ならでは。
「いただきます」のひと言、お箸の使い方ひとつにも、
すべて意味があります。
先人たちが培ってきた和の食文化への理解を深めつつ、
美しい所作を身につけていきましょう。

万物への感謝を込める世界で唯一の「いただきます」

生きものの命を「いただきます」だけではありません

日本では、食事の前に「いただきます」と言いますね。

その意味について、考えてみたことはありますか？

何も考えず習慣的に「いただきます」と言っている人もいれば、近年では「そういえば、最近、言ってないな……」という人も少なくないと思いますが、そもそも「いただきます」とは、どういうことなのでしょう。

まず、この言葉は、厳密には外国語に訳せません。

たとえば、強いて英語に訳すとしたら、さしずめ「Let's eat.」、あるいは「I'll eat.」といったところ。でも、これらは単に「さあ、食べましょう」「(これから) 食べます」

という意味であって、本来の「いただきます」の意味まで含意しません。

そんな日本語でしか言い表せない「いただきます」の意味を、私たち日本人は、もっと深く理解し、大事にする必要があると思うのです。

生きものの命を「いただきます」というのは、少し考えれば想像がつくでしょう。現に近年では、食育の現場などでも、その意味で「感謝して食べましょう」と教えるようになってきています。

でも本書では、もう少し考えを深めてみましょう。ここからは私の持論になりますが、それは、きっと「いただきます」の意味を深く理解し、自然を重んじる精神性に根付いた和食のマナーを体得することにも役立つと思います。

先ほど、生きものの命を「いただきます」と述べましたが、私たちがいただいているのは、動物の命だけではありません。植物にも命があります。子孫を残し天寿をまっとうするのが動物の生《せい》であるのと同じように、種を残し、朽ち果て、大地に返るのが植物の生《せい》です。私たちは、その生を途中で断ち切って、いただいているわけです。

つまり、「いただきます」とは、私たちの体に入るすべての動植物の命を「いただきます」ということなのです。

それだけではありません。

そもそも私たちは、何のために食べるのでしょう。生きるためです。

そう考えると、**食事の前に言う「いただきます」とは、動植物の命を「いただき」、そうして「自分の命をつながせていただきます」、「命をいただくことで、生きさせていただきます」という感謝の言葉**であるといえるでしょう。

また、動植物の命は、ただ降って湧いたように生まれ育ち、あるとき突然、私たちの目の前の料理として現れるわけではありません。

まず動植物を育む豊かな自然があります。その命を獲る人、刈り取る人、食用に処理する人、運搬する人などがいます。さらには、この国の食文化を発展させてきた先人たちの長大な歴史があります。こういういくつもの段階、幾万もの文化的蓄積のうえに、食べものは、今、自分の目の前にあるのです。

「いただきます」とは、動植物の命そのものだけでなく、私たちのところにたどり着くまでに関わった万物に対する感謝の言葉でもあると私には考えられるのです。

神道との関係性――「命そのもの」に感謝するのは日本人だけ

食事のときに感謝の言葉を述べるのは、他文化にも見られる習慣です。

キリスト教徒も、食事の前に「天にまします我らの父よ……」などと祈りを捧げます。でも、もうお気づきではないでしょうか。この感謝の言葉は、食べものを与えてくれた唯一の神に向けたものです。

私たちの糧となる命そのものに感謝するのは、日本独自の文化なのです。

これは日本古来の宗教、神道と密接に関係しています。

神道では「八百万の神」、つまり、あらゆるものに神が宿っていると考えます。そんな思想が生まれたのも、日本の風土が、世界に類を見ないくらい豊かだからでしょう。海に囲まれ、山もあれば野もあり、山間には川が流れ、季節が移ろい、いい水、いい空気に恵まれた実り豊かな土地。そこに生まれ育つ八百万のものに神が宿るというのは、ごく自然な発想に思えます。

牛にも鶏にも豚にも、あるいは大根にもニンジンにもトマトにも、すべての動植物に等しく神が宿っている。その命をいただき、生きさせていただきますというのが、「いただきます」の本質と私は考えています。

料理の素材や盛り付けで季節感や花鳥風月を表現するなど、和食に通底しているのは、自然に対する敬意です。

その究極の表現ともいえる「いただきます」の意味を、ここまで深く捉えていれば、和食のマナーについては十分といってもいいくらいなのです。

日本の箸は、単なる食事の道具ではない

箸はどこからやってきたのか

食事で使われる道具を人口ベースで見ると、ある調べでは、世界の28パーセントが「箸食」、28パーセントがナイフやフォーク、スプーンを使う「カトラリー食」、44パーセントが「手食」と、大きく3つに分けられます。

世界の約3割の人が使っているお箸ですが、そもそもどこで誕生し、いかなる経緯で日本人が箸食をするようになったのか、実は確たることはわかっていません。

一説によると、お箸が誕生したのは紀元前16世紀の中国。日本にもたらされたのは、遣隋使として中国に渡った小野妹子が持ち帰り、聖徳太子に献上したことが始まりとされています。

こうしてお箸が日本に広まったとされる説とは別に、お箸は弥生時代に、食事の道

具としてではなく、まず神事で用いられるようになったともされています。

遣隋使以前の地層からお箸らしきものが出土しており、これが日本のお箸の原型なのではないか、という説もあります。

同じ箸食でも、中国のお箸は象牙製や陶器製、韓国のお箸は金属製ですが、日本のお箸は本来は木製です。調べると木は土に還るために多く出土していないだけで、日本は日本で古来、独自に木製のお箸を使ってきたのではないか、とも考えられるのです。また、家族内でお箸を共有せずに「自分のお箸」があるのも日本だけです。そこからも、日本の箸食文化の発祥や歴史的経緯は、その他の箸食文化とは少々違うようにも受け取れます。

おそらく、総合的に考えてもっとも有力なのは「小野妹子が中国から日本に持ち帰った」説だろうとは思います。ただ、ごく当たり前のように見えて、実は断言できないというのは歴史のおもしろみであり、考えがいのあるところではないでしょうか。

「お箸だけで食べる」からこそ確立したもの

私は長年、お箸についても研究し、学術論文も書いてきました。発祥について断言はできないとしても、日本の箸食文化、そこから派生している和食のマナーは、他の箸食文化のなかでも特殊だと考えています。

まず、スプーンを併用せずに、お箸だけで食事が完結するのは日本だけです。今では蓮華や小さな木さじが出されることもありますが、もともと、液状の食べものをすくって食べる食べ方は和式にはありません。

でも、お吸い物やお味噌汁など、和食にも汁状の料理はあります。みなさんは、どのようにして、こうした料理を食べますか？　そう、器を手で持ち上げ、具をお箸で取って口に運びますよね。おつゆを飲むときは、器に口をつけます。

中国や韓国では、器を持ち上げるのはタブーです。中国料理には陶器の蓮華、韓国料理には金属製のスッカラというスプーンがあるので、これらの国の人たちは、器を持ち上げず、器からすくって食べるのです。東南アジアの国々も同様です。

背筋をピンと伸ばして、スッとお椀を持ち上げて汁物をいただくというマナーが身についている人の身のこなしは、それは美しいものです。和食では、もともとスプーン状の食器を使わない。だから「お椀を持ち上げて、美しく食べる」というマナーが発展したのです。

お箸は、神様のための神聖な道具

お箸を横向きに置くのは日本だけ。その理由

お箸そのものに目を向けてみても、やはり日本独自のものが見えてきます。

日本には、お箸にまつわる諺が100近くもあるのをご存知ですか？

古今東西、諺には生き方の訓戒が込められています。お箸を生き方に見立て、訓戒としたものが数多くあるというのは、つまり、それだけお箸という道具が日本人の精神性と切っても切れないということでしょう。

お箸を単なる「食べる道具」として見ているのなら、日本文化の根底に流れる思想を見過ごしているも同然なのです。

外国の方でも、お箸を上手に使う人が珍しくない現代です。

日本で生まれ育ったのなら、日本の食文化に対する理解度は深めておいたほうがい

いのではないか、というのが私の考えです。

では、日本におけるお箸には、どのような意味があるのでしょう。

「いただきます」と同様、根底に流れているのは神道の思想です。

「八百万の神」を信じる神道に則れば、食べものとして目の前に並んでいる動植物すべてが神様に近いもの。

祭事の際、大元の神様にお供え物をするとき、「手づかみは失礼だ」という意識から、神様のための特別な道具として箸はあります。

その表れの1つが、お箸の置き方です。

和食では、お料理と自分の間に、横向きにお箸を置きますが、これには神様が宿る食べもの=神様の世界と、自分たちの世界との間に一線を引く「結界」の意味があります。

中国料理でも韓国料理でも、お箸はだいたい縦に置かれています。その他、東南アジアの国々でも同様です。箸食文化の分布は広しといえども、お箸を横向きに置くのは、神道の思想をもつ日本だけの習慣なのです。

お箸の意味を知れば、「嫌い箸」をしなくなる――やってはいけない嫌い箸

お箸の使い方には、いくつもの禁忌、「嫌い箸（忌み箸・禁じ箸）」があります。

- 箸から箸へと食べものを運ぶこと（移し箸）
- 箸を器に渡した状態で置くこと（渡し箸）
- 箸をなめること（ねぶり箸）
- 箸で人を指すこと（指し箸）
- 箸で料理を突き刺すこと（刺し箸）
- 汁物や飲みもので箸を洗うこと（洗い箸）
- 料理の上で箸をさまよわせること（迷い箸）
- 器の上で箸を立てて箸先をそろえること（そろえ箸）

などなど、嫌い箸は総計50種以上にも上りますが、すべてに共通するのは、神様のための道具だったお箸を粗末に扱わないため、より美しくお箸を使うための戒めである、という点です。

これほどお箸の使い方に厳しいのも、やはり日本人にとって、本来、お箸とは神様

「三手」で優雅に、美しいお箸の扱い方

お箸の置き方

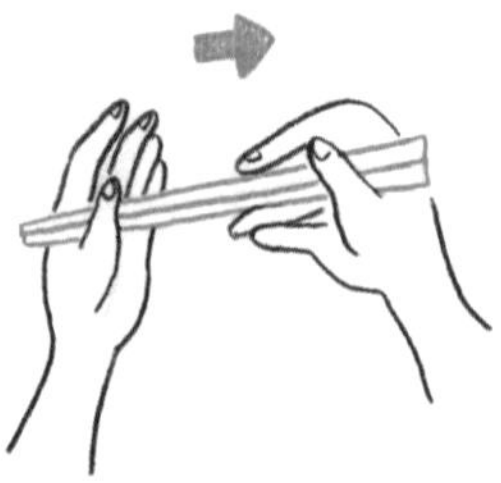

一手　左手をお箸の下に添えて支える

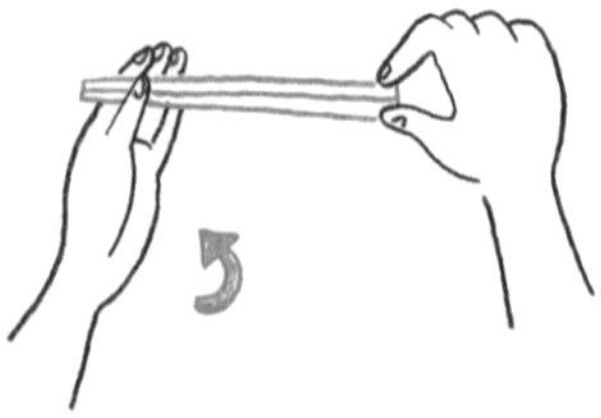

二手　右手をお箸の上にすべらせる

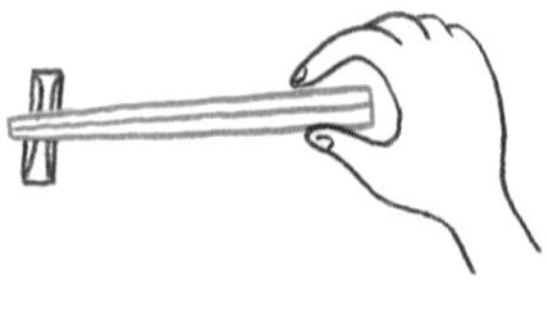

三手　右手で上からつまみ、箸置きに置く。右手に左手をそっと添えるとなお良し

お箸の取り上げ方

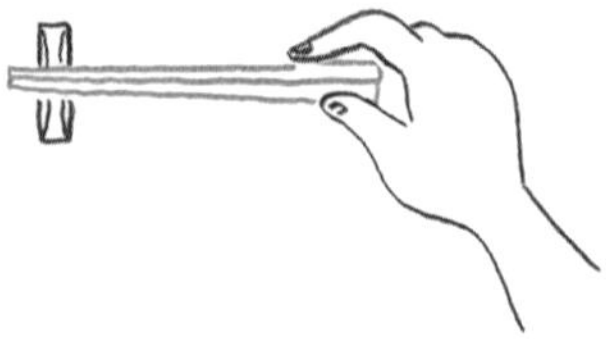

一手　右手で、お箸を上からつまむように取る

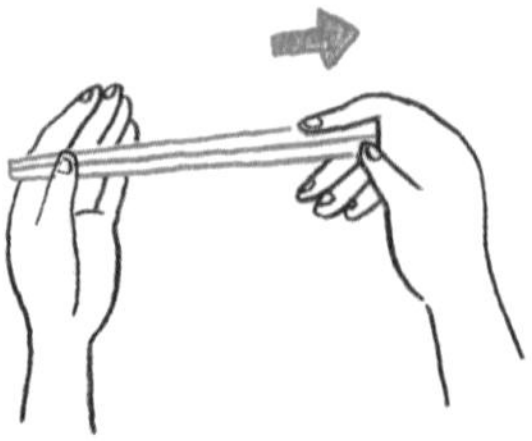

二手　左手をお箸の下に添えて、お箸を支える

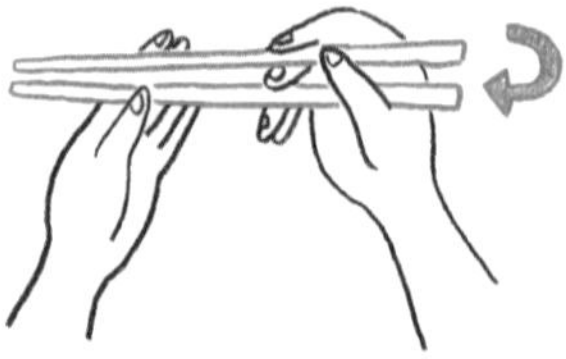

三手　右手をお箸の下にすべらせ、左手を離す

と結びついている神聖な道具だからでしょう。

みなさんも、お箸を「神様のための神聖な道具」として見たら、無作法を避け、なるべく美しく使いたいと思うはずです。おのずと嫌い箸のような使い方はしなくなる、というわけです。

嫌い箸に限らず、すべてのマナーには「生まれた文化的根拠」があります。文化圏が変わればマナーも変わりますが、「どういう思想が根底に流れているのか」を知れば、納得して守れるようになるでしょう。

マナーとは、ただ「正しいとされている型」をなぞるだけではなく、そこに根付いている精神性から理解し、自分のなかで腑に落ちてこそ、本当の意味で身につくものなのです。

また、基本的な文化的背景を理解しておくことで、細かいマナーがわからないときでも、臨機応変に振る舞えるようになるはずです。そうすれば、大きく礼を失することはありません。

和食の料理名には、漢字の心がこもっている

刺身の盛り合わせを「お造り」と呼ぶ理由

和食のメニュー名には比喩的なものが多くあります。

たとえば、旬の食材を個別に煮たものを盛り合わせた「炊き合わせ」は、「食べる人に多くの喜びがありますように」という願いを込めて「多喜合わせ」と書くことがあります。字面を見るだけでもうれしくなりますね。

「香の物」は、漬物のこと。「漬物＝漬けたもの」という料理法ではなく、冷蔵庫がない時代、旬の新鮮な野菜を出してもてなす「季節の香り」に焦点を当てた料理名です（諸説あります）。やはり、こんなところにも日本人独特の漢字の心を感じます。

「お造り」は、刺身の盛り合わせのこと。武士にとって「刺」は、あまりにも直接的に刀や血を想起させる生々しい漢字なので、「お造り」と称されるようになりました。

それにしても、生の魚を切って並べただけなのに、どうして「造」という漢字が当てられているのだろうと、不思議に思ったことはありませんか？

たしかにお造りは、加熱も調味もされていません。そのため、素人目には「生の魚を切って並べただけ」に見えるかもしれません。でも実は、このお造りこそ、もっとも高度な技術が求められます。

今度、お造りを食べる機会があったら、よく見てみてください。

比較的きちんとしたお店ならば、一切れ一切れの角がシャキッと立っていて、断面は輝くようになめらかで美しいでしょう。さらに、ツマ（大根の千切りや大葉などの付け合わせ）との配置は、1つのアート作品のようであるはずです。

しっかりと手入れされた包丁、高度な手際で魚を扱い、そのうえ優れた美意識もなくては、こうはいきません。決して「生の魚を切って並べているだけ」ではなく、たしかな技術とセンスを使って、文字どおり「造っている」のです。

「板前」の意味を知っていますか

お造りに高度な技術とセンスが求められるのは、和食の料理人の序列を見ても明らかです。

和食の料理人の修行は、そうじや洗いもの、野菜の下処理などを担当する「追い回し」（下積み）に始まります。

続いて、焼き物や煮物を器に盛り付ける「八寸場」、焼き物を担当する「焼き場」、揚げ物を担当する「揚げ場」、味付けを担う「煮方」「蒸し場」を経て、ようやく生の魚を扱う「板場」に到達できます。

和食の料理人を「板前」と呼ぶと思っている人は多いようなのですが、「板前」の意味は「板の前にいる人」。つまり本来、「板前」とは、まな板の前でお造りを担当する最高位の料理人だけの呼称なのです。

さらに「板長」ともなれば「板前の長」ですから厨房で一番の長、西洋料理でいうところの総シェフや総料理長を意味します。

精進料理はベジタリアンとは違う

「ヘルシーだから野菜を食べる」ではありません

精進料理もベジタリアンも、「動物の肉は食べず、植物だけを食べる」という点では同じです。しかし根底に流れている思想が違います。

実はインドもベジタリアンの多い国なのですが、これは多分に宗教的（ヒンドゥー教）なものです。欧米に見られるベジタリアンは、「ヘルシーだから」「動物を殺したくないから」「畜産は環境負荷が高いから」といった理由も多いでしょう。

一方、日本の精進料理は、もともと、お寺のお坊さんの修行の一環として確立したものです。

命に対する敬意として、血の流れるものは食べないようにする。肉も魚もおいしいけれども、あえてそれを「食べない」という選択をすることで命を尊び、煩悩を克服するという、立派な精神修養なのです。

和食の通念――食べること、命をいただくことが修行

仏教といっても、発祥のインドや、日本に伝来するまでの大きな経由地である中国のそれと違うのは、日本土着の神道と分かちがたく結びついている点でしょう。

中国から朝鮮半島を経て、仏教が伝来したのは飛鳥時代のこと。さらに平安時代から、廃仏毀釈（仏教の棄却）が行なわれる明治初年まで、日本では「神仏習合」の考え方が主流でした。

そのため、僧侶の仏道修行の一環である精進料理にも、多分に神道的な思想が根付いていると考えられます。

前に「いただきます」の意味について、私の研究した見解をお話ししました。この世の万物に神が宿っており、その命を「いただく」ことで「命をつながせていただきます」という意味で、食事の前に「いただきます」と唱える。

食べることは、生きるための人間、動物の本能だからこそ、ないがしろにせず、そのつど自分の体内に入るものに感謝の念を示す。すべての動植物には神が宿っていると考えるからこそ、決して己の欲望に任せて食べることはしない。

こうした神道的な含意が、精進料理にも通っているように思われます。仏教と神道が合わさってきた日本では、「食べること」＝「命をいただくこと」そのものが修行といってもいいでしょう。

精進料理だけではありません。これからお話ししていく和食のマナーのすべてに、「修行としての食」という通念があると私は考えています。

教養としての和食のマナー

「おしぼり」は神の食事の前に清めるためにある

食べものは元々は命のあった神様の食事であり、お箸は、その神様の食事のお裾分けをいただくための神聖な道具。そして、おしぼりは、神様と共に食事をする前に手を清めるためのものです。

したがって、おしぼりを使うのは自分の手を清めるときだけ、つまり「食事の前だけ」と覚えておいてください。

洋食のナプキンは、口や手を拭うために食事の間ずっと使うもので、お店の人とのコミュニケーションツールでもあります。おしぼりとナプキンとでは、存在している理由も役割も根本的に違うのです。

きちんとしたお店だと、おしぼりは使ったらすぐに下げられます。食事の前に手を清めるためのものと考えれば、それも納得でしょう。

下げられなかったとしても、食事の前に手を清めたら、もう基本的におしぼりの出番はありません。食事の最中に誤って手が汚れたときは使ってもかまいませんが、おしぼりで口を拭くのはNG。テーブルを拭くなんて、絶対にいけません。

口を拭いたいときや何かを少しこぼしてしまったとき、グラスから落ちた水滴を軽く拭きたいときなどは、まず自分のティッシュやハンカチ、懐紙で押さえましょう。

もしティッシュでは拭いきれないくらい、こぼしてしまったときは、慌てず騒がず、その後に直ちにお店の人を呼んで、まずは謝罪し、対応してもらいます。お店のものがシミになりそうな場合は、帰り際にサッとクリーニング代を渡せると、よりスマートです。

個性豊かな、和食ならではの「器」を愛でる

和食器は扱いづらい——よく言われることです。

なぜかというと、和食器は形も大きさも多様だから。つまり器を重ねて収納しづらいのです。そしてなぜ形も大きさも多様かというと、お料理によって細かく器を使い

分けるからです。

フレンチやイタリアンでもお皿を使い分けますが、大きく分けて前菜やメイン料理を盛る平皿、パンを乗せる小さめの平皿、デザート皿、スープを入れる深皿の数種類くらいしかありません。

中国料理は基本的に取り分けるスタイルですから、料理を盛る大皿と、取り分け用の小皿やボウルが大小それぞれあるくらいです。

しかし和食では、器も盛り付けの一部です。

盛られている料理だけでなく、料理それぞれの個性に合わせた器ごと愛でるという発想があるので、一流の料理人は器にもこだわるのです。大量生産ではない、作家ものの特別な形状の器を取り入れているお店もあります。


日本人は、家庭内でも当たり前のように食器を使い分けています。

たとえば、ごはんが汁椀に入っていたら、ものすごく違和感がありませんか？「ボール状の食器」という点では同じでも、ごはんはごはん茶碗、お味噌汁は汁椀に入れるものであって、兼用ではありません。

また、お箸もお茶碗も湯呑みも、自分専用のものがあるのではないでしょうか。

こういう点からしても、日本人は、もともと器に対する感度が強いのではないかと思います。「世界一繊細」と海外で評される和食の共通項と考えます。

今後、上質なお店で和食をいただく機会があったら、ぜひ器にも目を向けてみてください。楽しみがいっそう広がり、料理も、よりおいしく感じられるはずです。

ネイルやアクセサリーで器を傷つけることや、器を引きずることは禁物ですが、器を愛でる意識があれば、こうした無作法も働かずに済むでしょう。

「会席」は無礼講にならない宴会料理

和食にも「コース料理」があります。大きく「会席」と「懐石」の2種類があり、同じ和食で同じ音でも、根底にある心根が違います。

会席は宴会料理のこと。お酒を楽しみながら、①先付け→②吸い物→③お造り→④煮物→⑤焼き物→⑥揚げ物→⑦蒸し物→⑧酢の物→⑨お食事（ごはん・香の物（漬物）・止め椀（味噌汁））→⑩水菓子（旬の果物）の順に出されます。

「食い切り料理」とも呼ばれる会席は、一品ずつ運ばれてくるスタイルです。いつまでも食べ終えずに、膳の上に料理が溜まってしまうのはマナー違反です。

例外的に先付けは、お酒と一緒に楽しむために残しておいてもかまいませんが、それ以外は、一品運ばれてくるごとに速やかにおいしくいただきます。先付けを含めて、お膳の上にあるのは「最大2品」と心得ておきましょう。

ちなみに、会席のデザートや、甘味処のような場で抹茶をいただくときは、特に茶道の作法を気にしなくて大丈夫。「食後のコーヒー」と同様の感覚で問題ありません。

もてなしのなかに「季節」を感じ取りたい「懐石」

懐石とは茶の湯での料理を指します。お茶席に訪れた客人が空腹のままでは、濃茶で胃が荒れてしまいます。そこで軽いおしのぎとして料理を出すようになったことが、懐石の始まりとされています。

あくまでも懐石のメインは濃茶をいただくことなので、会席ほどしっかりした料理ではありませんし、華美なところもありません。

しかし亭主みずから茶室を整え、料理に腕をふるい、濃茶を点て……と、徹頭徹尾、心を尽くして客人を迎える懐石こそ和食のもてなしの真髄といっていいでしょう。

とはいえ、茶道を習ったこともないのに、懐石に招かれてしまったとしたら、不安になるのも無理はありません。

もちろん細かい作法はありますが、正客（筆頭のお客。すべてのもてなしを最初に受けるので、作法に精通していなくて（はいけない）でなければ、基本を押さえておくだけで大丈夫です。

型としてのマナーの基本は次にまとめますが、それ以前に**意識していただきたいのは、もてなしのなかに「季節」を感じ取るということ**です。

亭主は、茶道だけでなく、書道、華道、料理、陶器などにも精通した、もてなしのエキスパートです。そして心を尽くして、その場を整えています。

お客のほうは、掛け軸、生花、茶碗などを拝見する、愛でるというのが基本マナーなのですが、それは「あなたのおもてなしの心、ちゃんと受け止めました」という、いわば返礼です。

そうはいっても、「愛でるポイント」がわからなくては、ただ見ているだけになってしまいますよね。もちろん、ほかのお客の様子を窺いながら、「眺める」という形をなぞることはできますが、わけがわからないままでは、何より自分自身が緊張するばかりで、ちっとも楽しめません。

そこで目を向けてみてほしいのが、ひとつひとつのもてなしのなかに表現されている季節感なのです。

古来、日本人は自然に対して強い敬意、畏怖の念を抱いてきました。海に囲まれた島国であり、四季のある日本では、自然は豊かな恵みをもたらしてくれる存在であるとともに、台風や日照り、あるいは火山の噴火といった天災をもたらすものでもあります。

このように、さまざまな一面を見せる自然は、日本人にとって支配の対象ではなく、崇拝の対象でした。その精神は茶道にも反映されています。

懐石でも、料理はもちろんのこと、自然の季節感を表現することが重視されているので、書や器についてはさっぱりでも、生けられているお花、あるいは器の絵柄から、季節を感じ取ることならできるでしょう。

この視点ひとつあるだけでも、懐石での身のこなしや楽しみ方は、ぐんと豊かになるものです。

茶の湯も最低限の作法を知っていれば安心

懐石では、最初に①飯碗・汁椀・向付（主にお造り）がセットで出されます。ごはんと味噌汁は少量なので、おかわりするのがマナーです。向付は、亭主がすすめてから手を付けましょう。

続いて②煮物椀→③焼き物鉢→④預け鉢・強肴（炊き合わせや和え物）→⑤小吸い物椀（あっさりした汁）→⑥八寸（八寸のお膳に乗せられた2〜3品の海の幸と山の幸）→⑦湯桶（ごはんのお焦げに湯を注ぎ、薄い塩味をつけたもの）・香の物（漬物）→⑧主菓子・濃茶の順で出されます。

会席と違うのは順序だけではありません。③焼き物鉢と④預け鉢・強肴は、大皿や鉢から取り箸を使って自分の分を取り、次の人に渡します。

ここで取りすぎると全員に行き渡らなくなり、また、料理を残さないのがマナーなので、選り好みをすると後の人が多く取らなくてはいけなくなってしまいます。つまり、全員がお互いを思いやり、取るべき分量をしっかり見極める必要があります。⑥八寸は、亭主と同じ盃で酒を酌み交わしながらいただく、というのも懐石の特徴です。亭主のもてなしの心意気を存分に感じ取りながら、コミュニケーションをとるというのも、懐石の席で守るべきマナーなのです。

そして最後の濃茶。これこそ懐石のメインですから、心していただきましょう。

濃茶が点てられた茶碗は、最初、こちらに絵柄を向けた状態で亭主から供されます。器を両手で丁寧に持ち上げたら、正面を避けて、器を時計回りに回してからいただきます。

お茶は最後の一滴まで、ズズッと音を立てても気にせず飲み干します。

その他、懐石には独特なマナーが細かくたくさん定められています。

不安かもしれませんが、懐石には必ず「正客」と呼ばれる主賓がいます。すべての動作は正客が先になりますので、作法が不安な人は、それに倣っていれば間違いありません。心を尽くし、丁寧に過ごす時間を慈しみましょう。

定食に食べる順番はあるのか

懐石や会席のように1つずつではなく、一汁三菜のような定食スタイルで出されたとき、「何から食べたらいいの?」と迷うかもしれません。

そこは流派によって多少、考え方が違う程度の話なので、自分の好きな順番で食べ進めてかまいません。ただし、すべての料理が並んでいるというのに、一品ずつ食べ終えていく「片付け食い」は無作法とされています。おかず、ごはん、汁物を交互にバランスよく食べ進めていきましょう。

また、おかずをごはんに乗せて食べるのは無作法です。ごはんは「おかずの置き場所」ではありません。最初からごはんにおかずが乗っている丼ものや、ごはんにかけるようになっている納豆、とろろなどは別として、「白いごはんは、最後の一口まで白いまま」というのが美しい食べ方です。

和室のマナーの3大ポイントは「足元」「装飾品」「服装」

畳が敷き詰められた和室には、いくつか気をつけるべきポイントがあります。

和室に裸足で上がるのは無作法です。たとえ夏に「裸足にサンダル」で出かけていても、和室に上がる直前に靴下を履いて上がりましょう。

そのためには、和室に通されることを想定した事前の準備が必要ですね。靴下の色は正式な「白の無地」がベストですが、普段はそこまで厳密ではありません。ただし柄物は避けたほうがいいでしょう。

和室に上がったら、ヘリを踏まないように気をつけながら、静々と歩きます。

自分が座る位置にも注意が必要です。

部屋の一番奥にある床の間は、「神様がいるところ」ともいわれ、その部屋の顔です。したがって床の間の前は上座、床の間の横の脇床の前は次席、それ以降、入口に近づくほど下座になります。目上の方とご一緒するときは、くれぐれも上座に座らないように気をつけてください。

自分の位置を見定めたら、ようやく腰を降ろしますが、ここでも注意。

座布団を足で踏みつけてはいけません。まず座布団の左脇の畳に両膝をつき、両手を畳について両膝を座布団に乗せ、最後に両足をお尻の下に移動させる、という順序だとスマートに座布団に正座できます。

意外と見落としがちなのは装飾品です。

長いネイルや、長く華美なアクセサリーは、単に和室に似つかわしくないだけでなく、卓や膳、食器に当たって傷つける恐れがあります。料亭の女将さんから聞いたところによると、男性の腕時計も、実は大変な困りものだそうです。

そういうものを身に着けてはいけない、とは言いません。問題は、その場で気づけるかどうか。和室に通された際に、自分の装飾品の危険に気づき、さっと外して鞄にしまうという配慮ができるかどうかが、教養のある大人と教養に欠ける大人の分かれ目です。

洋服も同様です。和室に通される可能性があるときは、正座になったときに膝や太ももが露わになるショート丈のボトムスや、肩や胸元が露わになるトップスは避けましょう。

洋式の夜会などは、肌の露出が大きいイブニングドレスを着用するものですが、和の場では、極力、肌は出さないこと。靴下を持って出るかどうかの判断と同じく、その日のTPOを考えて洋服選びをする必要がありますね。

そういう意味では、マナーは、自宅で支度をしているときから始まっているのです。

お造りは「あっさり→こってり」の順で食べる

正式な陰陽五行説の順序はあるものの、現代ではお造りを食べるときは、「あっさり→こってり」と覚えておくのが一番無難です。

白身魚のような淡白な味わいのものから始め、青魚やマグロの赤身、トロなどは後にするイメージで食べていくと、先に食べたものの味が後に食べるものの味を邪魔せず、すべてをおいしく食べられるのです。

また、ツマ（大根の千切り、大葉、穂紫蘇など）はすべて、お刺身の合間に口をさっぱりさせるハーブのようなものと考えて、好きなタイミングに食べてかまいません。

大根の千切りは、ひと口に入るサイズにまとめ、お好みで醤油を少しだけつけて食べます。

穂紫蘇は、醤油の香り付けのために醤油皿にしごいて落とす、それをお刺身と一緒に食べる、あるいは茎を持って実をかじる、いずれもＯＫです。大葉をお刺身に巻いて食べるのもアリです。

「ワサビは刺身に直に乗せるもの」と思い込んでいる人は多いようですが、ワサビを醤油に溶くのもマナー違反ではありません。

ただ、いったん溶いてしまうと醤油がワサビ風味一色になるので、私のおすすめは、どちらかというと刺身にワサビを乗せる食べ方です。

こうしたほうが、魚の種類によってワサビをつけるかどうか、どれくらいつけるかを自分で加減できるので、最後まで醤油の香りを楽しみつつ、お造りをおいしく食べられるでしょう。

尾頭付きの魚は、「魚の構造」に従い、「魚の声」を聴く

尾頭付きの魚はハードルが高いと感じている人は多いと思いますが、怖がる必要はありません。いくつかコツを押さえておけば、誰でも美しく食べられます。

最大のポイントは「魚の構造」に従って食べていくこと。まずエラの脇にお箸を入れ、頭側から尾側へと順に食べていくと、きれいに身が取れます。

美しい魚の食べ方

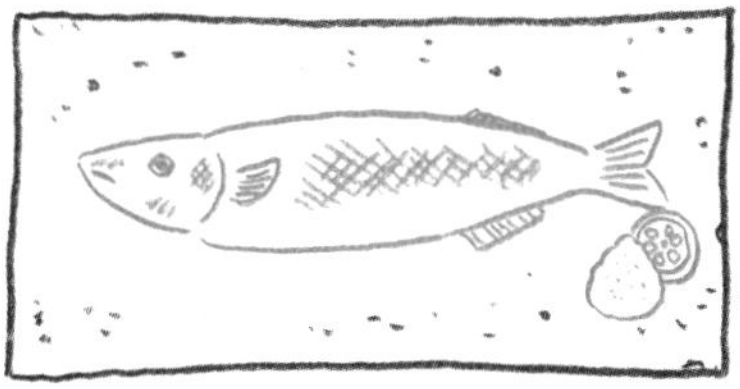

①上の身を
頭のほうから食べる

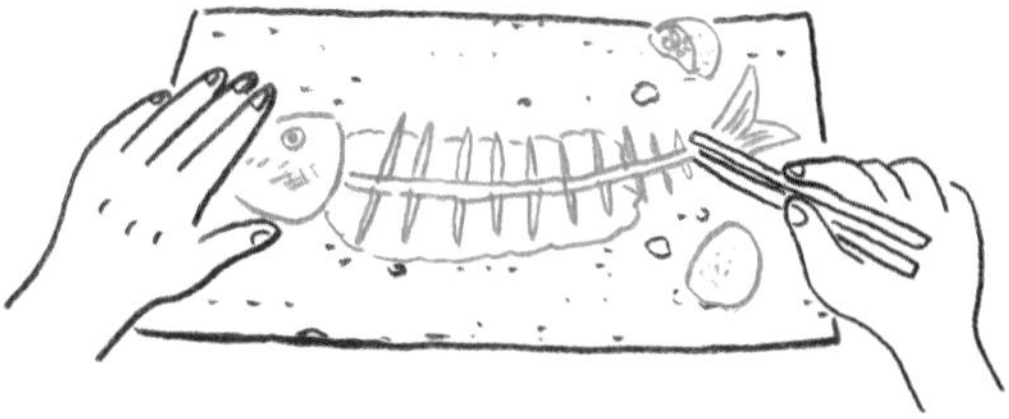

②上の身を食べ終えたら、尾を上にポキッと折り、骨をはがす

③外した骨と頭はお皿の右奥にまとめ、下の身を食べる

品格アップ

骨を外すときに頭を懐紙でおさえると、なお良し

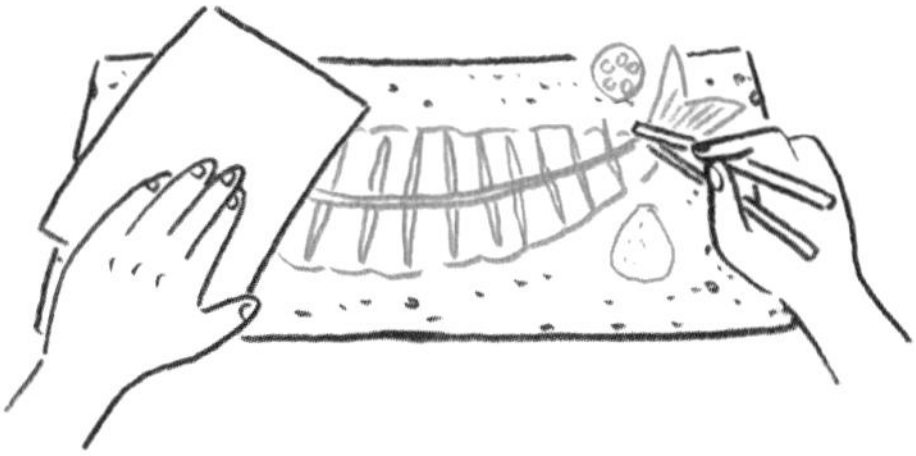

上側の身がなくなったら、次は下側の身を食べますが、このとき、魚をひっくり返してはいけません。魚の頭を手で支えながら、お箸で尾をポキッと上に折って骨を下側の身からはがし、最後に頭も外して一緒にお皿の奥のほうによけます。

すると下側の身だけが残るので、きれいに食べ進めることができます。

身から取り除いた小骨は、お皿の右奥にコンパクトにまとめていきます。そして前に「エンディング美」の法則でもお伝えしたように、食べ終えたら改めてお皿の上を眺めましょう。もし散らかっていたらお皿の右奥にまとめます。

お寿司屋さんでは、プロの技と知識を堪能するのが一番の礼儀

お寿司は、お箸でも手でも、どちらで食べてもいいものです。

お箸で食べるときは、まず箸先を使ってお寿司を手前に倒してから、お寿司の上下を挟むように平行に持つと、崩れる心配がありません。煮切り醬油が塗られているお寿司は、そのまま口に運びます。

醬油をつける場合は、シャリが崩れないように、ネタの端をほんの少し醬油皿につけます。このとき、醬油が垂れる不安から手皿になってしまいそうならば、片手で醬油皿を持ちましょう。

美しいお寿司の食べ方

①箸先を使って、
お寿司を手前に倒す

②お箸をお寿司に平行
にあてて、はさむ

③ネタの端に醤油を
つける。シャリに
はつかないように

世界の常識

手皿はタブー。
手皿になりそうなら、
醤油皿を持つ

軍艦巻きは、そのまま海苔とシャリの間あたりに醬油を少しつけましょう。

職人さんのお任せでない場合は、タイミングを見計らって注文しましょう。順番に厳密なルールはありませんが、お造りを食べるときと同様、「あっさり→こってり」と覚えておけば間違いないでしょう。

白身魚や貝類、酢〆の魚など淡白なネタから始め、ウニやトロは後のほうに、そして最後は巻き物、汁物で締めくくるとスマートですし、自分自身も最後までお寿司の味わいを楽しめます。デザート代わりに玉子をいただくという手もあります。

基本的には、好きなものを好きなように頼んでかまいませんが、板さんの状況を見て、注文のタイミングを計ります。

また、いくら好きだからといっても、1種類ばかり頼むのは無粋です。ほかの人の分が少なくなってしまうかもしれません。やはり、お寿司でも「自分以外の万物に対する配慮」を心がけましょう。

お寿司屋さんのカウンター席は、いってみれば、目の前でプロの冴え渡る技と豊富な知識が繰り広げられるアリーナ席のようなものです。職人さんとのコミュニケーシヨンも楽しみの1つなのです。

こういうと「素人で知識がないから恥ずかしい」「下手なことを言ったり、頼み方を間違えたりしたら怒られるのではないか」と不安がる人がいるのですが、そんな心配はいっさい無用です。

むしろ知ったかぶりをするお客よりも、「よく知らないので、教えてください」という態度で接し、素直に「おいしいです」と喜びを表現できる、そういうお客さんのほうが好印象を与えます。

その道のプロフェッショナルと話をするわけですから、こちらは素人でいいのです。そう考えれば、何も怖がる必要はないとわかるでしょう。

前に、「自分以外の万物への配慮」には、お店の人も含まれるとお話ししました。素直に教わる姿、素直に喜ぶ姿を見せるのは、お店の人たちを喜ばせるということでもあります。これもまた、配慮のうちなのです。

ちなみに、お寿司屋さんには「あがり（お茶）」「紫（醤油）」など「符丁」と呼ばれる隠語があります。ツウぶって使う人もいますが、本来は職人さんたちが使っていた隠語なので、お客が使うものではありません。ただし、すでに一般的になっている「シャリ」「ネタ」は例外としていいでしょう。

「手皿」は、みずから無作法の恥をさらすようなもの

片手をお皿のように添えて食べている人を、よく見かけます。

なぜ、そうしたくなるのかというと、お箸から食べものが落ちてしまいそうな気がするからでしょう。だとしたら、「私はお箸から食べものが落ちるような食べ方しかできないんです」と表明しているのと同じことです。

もし本当に手の上に落ちてしまったらどうするのでしょう。

現実問題として手から食べるわけにはいきませんし、お皿に覆いかぶさるようにして食べるのも美しくありません。落ちる先が手ではなくお皿ならいい、という話ではなく、そもそも「落ちるような食べ方をしていること」が問題なのです。

解決策は簡単です。

「お箸で持てる量」「自分の一口に入る量」を、ちゃんとわかっておくこと。そうすれば、適量を箸で取り、一口で食べることができます。手で持てる器ならば、背筋を伸ばしたまま器を胸元まで持ち上げ、適量を取って食べましょう。

c o l u m n

コラム①

なぜ茶の湯の料理を「懐石」と書くの?

「懐石」という漢字、改めて見ると不思議だと思いませんか?

「懐」も「石」も、一見、お茶とも食事とも関係なさそうに見えますが、この表記の由来は、室町時代の寺にあるといわれています。

当時のお坊さんの修行は現代よりもずっと過酷でした。

特に極寒の冬、もちろん暖房なんてありませんし、足袋も履きません。食事も、質素なものを1日2回程度です。そんななか、彼らが唯一、飢えをしのぎ、暖をとる方法が温めた石を懐に入れておく、というものでした。

「懐石」とは、つまり、それだけ厳しい環境での修行の象徴。そこから転じて、無理・無駄・ムラのない、それでも自然の生命に感謝し、心をつくすこと。そんな修行の一環としての茶の湯の食事に「懐石」の字を当てるようになったのです。

2章

フランス料理

――世界最高峰と賞される美食文化の楽しみ方

フランス料理のマナーは、マナーの王様と思う人も少なくないでしょう。
しかし、この世界最高峰と賞される美食文化の発展は、
実は他文化からの授かりものです。
素晴らしいものは積極的に取り入れ、自分たちの力で洗練化し、
独自の文化としてどんどん高めていく。
フランスが、世界に冠たる美食大国になったのは、
比類なき独創性と、たゆまぬ試行錯誤の賜物なのです。

美食大国の意外な歴史
——フランス料理のマナーの発祥はフランスではない

イタリア・メディチ家からの「フォーク」の伝来

テーブルマナーといえばフランス料理、というイメージが強いかと思いますが、実は、現在、フランス料理で用いられているマナーはフランス発祥ではありません。16世紀中ごろまで、フランスには「フォーク」がなかったのです。

1533年、イタリアの名門・メディチ家のカトリーヌという女性が、フランスの第二王子オルレアン公アンリ・ド・ヴァロワ、のちのフランス王アンリ2世のもとに嫁いできました。

そのときに彼女に付き添ってきた料理長が、あまりにも粗野なフランス人の食事法に仰天し、独自にマナー指南書『食事作法の50則』を作成。これによって、ナイフとスプーンしかなかったフランスにフォークが伝えられたとされています。

かつてフランスでは、みな、主人がナイフで切り分けた料理を手づかみで食べていました。肉の脂でベトベトになった手はカチコチのパンで拭い、その肉汁の染みたパンを床に放り投げて猟犬にあげていたといいます。

洗練されたマナーも何もなく、「獲物の肉を喰らう」という狩猟文化がベースになっていたのです。そこへ道具を巧みに操って食べる「テーブルマナー」という概念が伝わったことで、フランスの食文化は一気に発展しました。

ただ肉を喰らい空腹を満たすだけでなく、美しいデザートなど嗜好性の高い「文化としての食」も、「道具を巧みに操って美しく食べること」とともに、イタリアから伝わる形で洗練されてきたのです。

フルコース料理を一品ずつ配膳するのは、もともとロシア式

イタリアからもたらされる形でテーブルマナーが根付いたフランスですが、サービスが現在の形になったのは、さらに300年ほども後のこと。一説によると、現在のように一品ずつ配膳されるスタイルは、もとはロシア式だったのです。

フランス式サービスは、もともと前菜からメイン、デザートまで、すべて一緒にテ

ーブルに並べるというものでした。それが現在のように一品ずつ配膳されるようになったのは、19世紀初頭、ロシアのクラーキン公爵という人物が、ロシア皇帝の大使としてパリに赴任したことがきっかけでした。

一品ずつであれば、温かい料理も冷たい料理も、シェフが意図する「一番おいしい状態」で食べられます。そこにフランス人たちはいたく感心し、以来、このスタイルが広まったという説があります。

1789年にはフランス革命が起こり、それまでは王室だけのものだったさまざまな文化が庶民に普及します。世界史でいうフランス革命は庶民による主権獲得の戦いですが、食という観点から見ると、宮廷文化の庶民化という一面もありました。

フランスが世界に冠たる美食大国となるまでには、このように、他文化との出会いと普及、国内の動乱というさまざまな紆余曲折があったのです。

教養としてのフランス料理のマナー

料理はコミュニケーションの円滑剤と心得る

食事の席では会話を楽しむもの。特にフランス料理では大切にされています。いくらカトラリーを正しく扱って美しく食べていても、会話を楽しもうという態度がなかったら、食のマナーの半分も守れていないことになるでしょう。

料理はコミュニケーションの円滑剤であり、主人公は、あくまでも人です。まわりの人たちに絶えず目を配り、会話を楽しんでこそ、教養あふれる大人の振る舞いといえるのです。

女性を立てる「レディファースト」の起源は騎士道ですが、食事の席の主人公は人であるというところにも通じています。

たとえば女性をテーブルの隅に座らせないというのは、フランス料理の一定層の人々の席での常識です。人に囲まれ、常に話の輪の中にいられるよう、女性は必ず両側に人がいる席にエスコートしましょう。

席次では女性を悲しませない

フランスでは、会食の際にコミュニケーションと同等に大事にされるのが席次です。正式な場、カジュアルな場、接待要素のない場など、シチュエーションは異なれど、いついかなる場でももっとも気にかけるべきは「女性を寂しくさせないこと」と「高齢の方を寒くさせないこと」。

フランスの社交の場では、配偶者同伴の会食が基本となっています。オーソドックスな例を1つご紹介します。次の図をご覧ください。ここでは、便宜的にホスト（主人）と招客は男性、その配偶者が女性の場合を例とします。

まず入口から遠い席が上座、入口に近い席が下座となります。この場合、いろいろな決め方があるにせよ、たとえば入口から遠いテーブルの真ん中にホスト（男性）、そしてその向かい側にホスト夫人（女性）と、まず中心を決めます。その後は、ホスト夫妻の右側に主賓夫妻→②番目夫妻→③番目夫妻→④番目夫妻……と男女が交互になるよう席を決めていきます。客が男女同数の場合、図のようにテーブルの一方の端が

席次

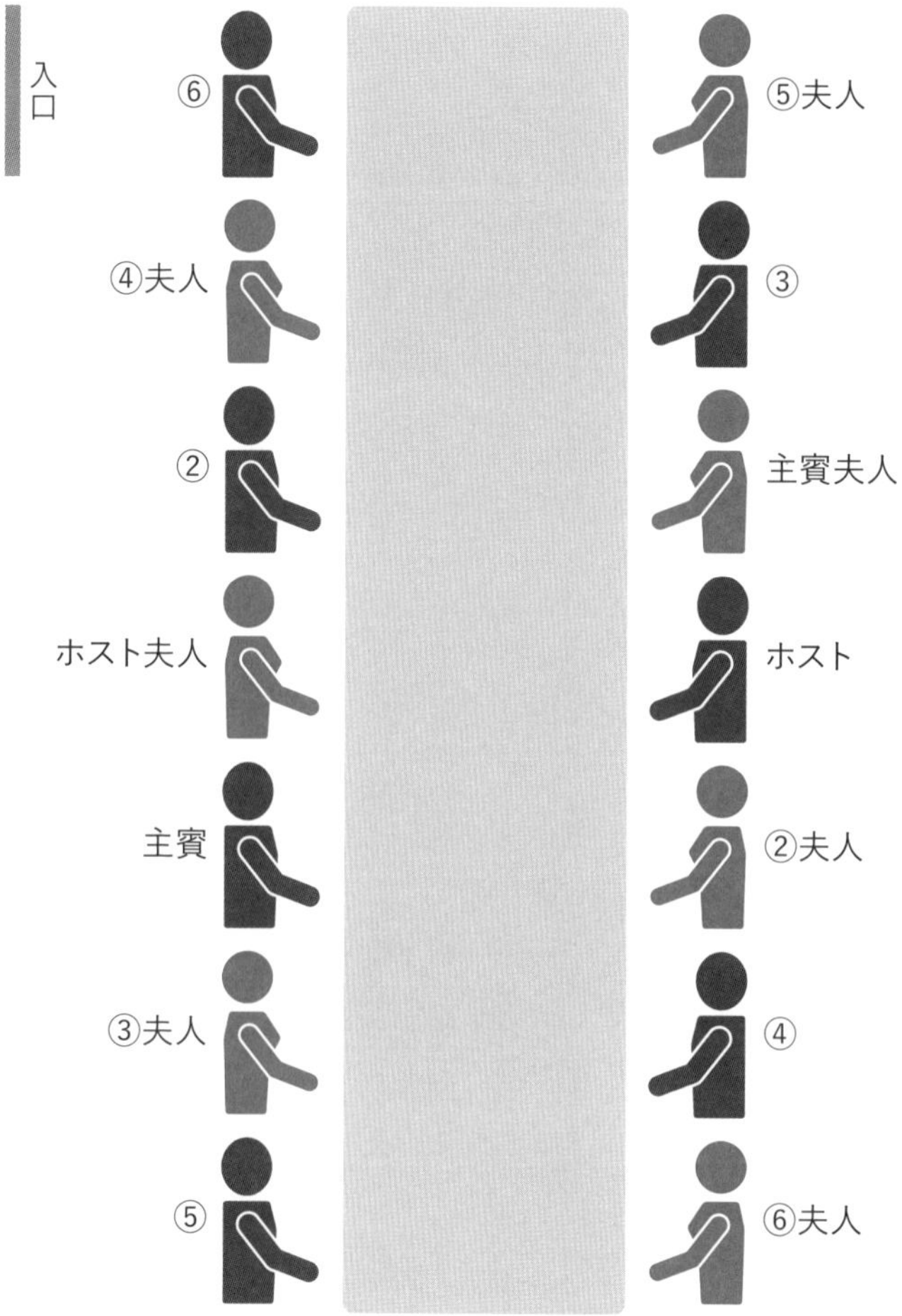

※女性が端にならないよう、③と⑤夫人、④と⑥夫人を入れかえることもある

女性になってしまいます。その場合、「女性を寂しくさせない」ために、男性客と席を入れ替えて、女性同士が隣合わせになる席をつくることもあります。

いかなる場でもネクタイを備えておく

フランス料理のドレスコードは一概にはいえないのですが、コース料理を出していて、ソムリエがいるようなお店を目安に、カジュアルな服装は避けましょう。ジーンズ、襟のないシャツ、スニーカーなどは避け、男性はスラックス、襟のついたシャツ、ジャケット、革靴。念のためネクタイを持参すると安心です。

私の父は、いつ、突然の会食に招かれても良いように、常に紐タイを携帯していました。普通のネクタイよりも細めで、かさばらないので、持ち歩きに便利なのだそうです。心配なら、もちろん事前にドレスコードをお店に問い合わせてもかまいません。

ナプキンを膝に広げるタイミングに余裕がみえる

フランス料理のレストランで、まず私たちが手に取るのはナプキンです。

「どのタイミングでナプキンを膝に広げたらいいのかわからない」という声をよく耳にしますが、ナプキンを広げるよいタイミングは、「全員が席につき、料理のオーダーを終えた後」。これが、「料理をいただく準備ができました」というお店への合図になります。

本来は、主賓がナプキンを広げたら、それを合図として全員がナプキンを広げるものです。ただ、主賓がいなかったり、いてもマナーをご存じない、またはお話の途中でナプキンを広げることをお忘れになっている場合があるので、「全員が席につき、料理のオーダーを終えたタイミング」でいいでしょう。

ナプキンは2つ折りにし、折り目を手前にして膝の上に広げます。そして手や口を拭うときは折り目の内側で拭うようにすると、拭った後の汚れた面が人目につかず、最後まで美景を保つことができます。

お手洗いなどで中座するときは、ナプキンを椅子の上にふわっと置く、もしくは椅子の背もたれに掛けておきます。そして最後、お店を出るときには、テーブルの上に無造作に置きます。

几帳面な人は抵抗があるかもしれませんが、テーブルに無造作に置かれたナプキンは、実は「おいしかったです」というメッセージなのです。きちんとナプキンを折りたたむと、逆に「おいしくなかったです」というメッセージになってしまうので気をつけましょう。

カトラリーは、使う順序と用途がわかれば怖くない

披露宴やレセプションの場合、席につくと、カトラリーが、次のように整列しているのが目に入るでしょう。

・正面――プレート（位置皿）の上に置かれたナプキン
・右手――複数種類のナイフとスプーン
・左手――複数種類のフォーク、パン皿、バターナイフ
・奥手――小さめのスプーン、ナイフ、フォーク
・右奥手――複数種類のグラス

すべてをお箸で完結させる日本人からすると、ズラリと並んだカトラリーに圧倒されてしまいそうですが、いっさい複雑ではありません。むしろ使う順で用途別に並べられているので、親切かつ合理的といってもいいくらいなのです。

右手のカトラリーは、一番外側からオードブルナイフ、スープスプーン、フィッシュスプーン、肉用ナイフです。左手のカトラリーは一番外側からオードブルフォーク、魚用フォーク、肉用フォークです。

水用グラスを中心に
店ごとの並べ方がある

① シャンパン用グラス	⑧a 肉用ナイフ
② 白ワイン用グラス	⑧b 肉用フォーク
③ 赤ワイン用グラス	⑨ 位置皿
④ 水用グラス	⑩ ナプキン
⑤a オードブルナイフ	⑪ パン皿
⑤b オードブルフォーク	⑫ バターナイフ
⑥ スープスプーン	⑬ デザートスプーン
⑦a 魚用スプーン	⑭ デザートナイフ
⑦b 魚用フォーク	⑮ デザートフォーク

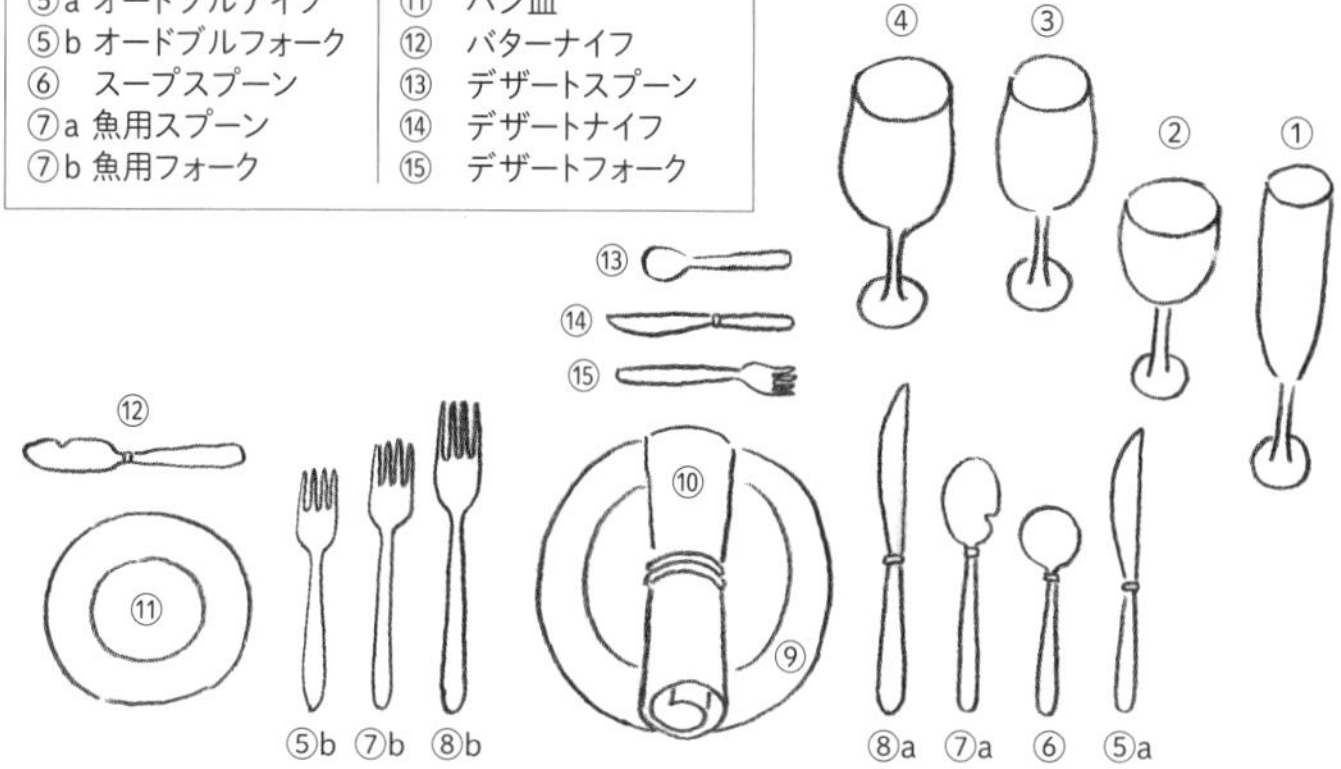

カトラリーは外側から使う

この並び順は、「料理が出される順」に沿っています。したがって、**「一番外側に置かれているカトラリーから順に使っていく」**と覚えておけば間違いありません。

フランス料理のフルコースは、6品から15品ほどの幅がありますが、現代の日本の主流は次のとおり。

「アミューズ」→①前菜「オードブル」→②スープ→③魚料理「ポワソン」→④肉料理「ヴィアンド」→⑤チーズ→⑥デザート（ムースやフルーツ、シャーベットなどの「デセール」）→⑦コーヒーと小菓子（ミニケーキ、焼き菓子などの「プティ・フール」）。

「楽しませる」という意味をもつ「アミュ

ーズ」とは、お店の心を表すちょっとした料理のこと。いってみれば、コースを始める前のお店からの挨拶です。

たいていのアミューズは手でつまめる小さなもので、カトラリーを使う場合は料理と一緒に運ばれてくるのが通常ですから、あらかじめテーブルにセットされているカトラリーは、まだ使いません。

したがって、カトラリーは①オードブルナイフ&オードブルフォーク→②スープスプーン→③魚用ナイフ（フィッシュスプーン）&魚用フォーク→④肉用ナイフ&肉用フォークという順で使っていきます。そして⑥デザートは、奥手のデザートスプーン、デザートナイフ、デザートフォークで食べます。


カトラリーの使い方に迷う人も多いかもしれません。

左手のフォークで料理の端を刺して押さえながら、右手のナイフで一口分を切り分けては口に運ぶ。これがフォークとナイフの基本的な使い方です。

口に入れていいのはフォークだけですが、フィッシュスプーンは例外です。身の崩れやすい魚は、フォークで刺して口に運びにくいものです。フィッシュスプーンで一口分を切り分けたら、フォークを使って身とソースをフィッシュスプーンに

フィッシュスプーンで品よく食べる

①ナイフと同じように
フィッシュスプーンで切る

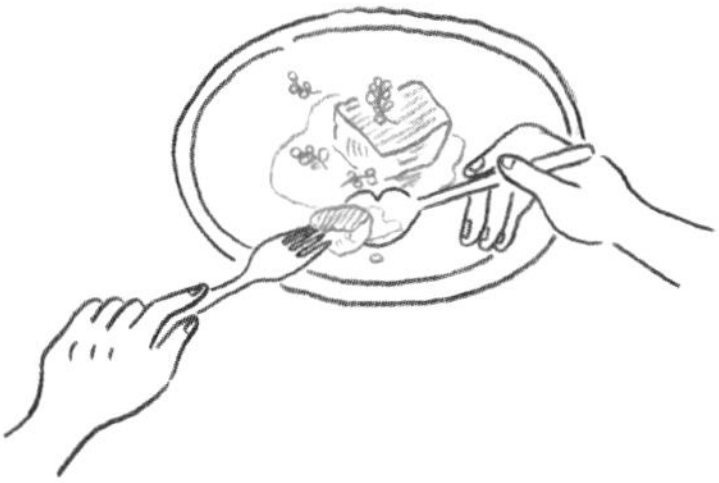

②魚とソースをフィッシュスプーンに
乗せて口に運ぶ

野菜はナイフを使って戦略的に食べる

茎の野菜はナイフで束を
まとめて刺す

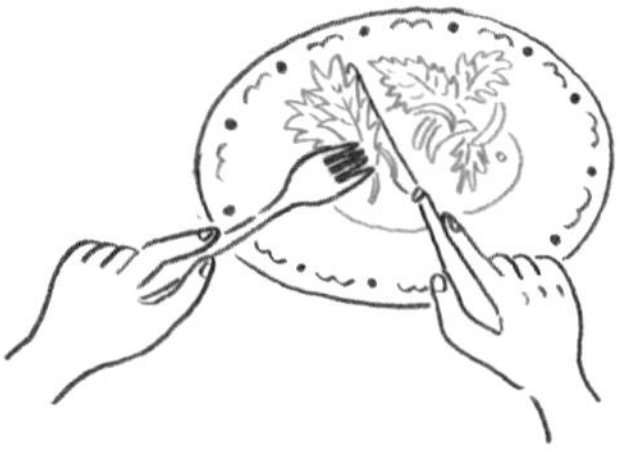

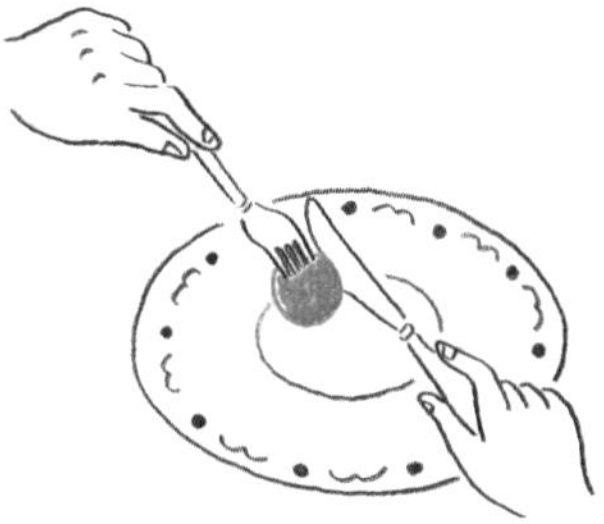

転がりやすい野菜は
ナイフで壁を作る

葉野菜はナイフで
折りたたむ

乗せ、口に運んでも良いのです。

カトラリーで意外と苦労するのは、ベビーリーフなどの薄い葉野菜や、ルッコラ、水菜などの茎を食べる野菜ではないでしょうか。フォークで刺しづらくて、口に運びづらいと感じたことのある人は多いでしょう。

薄い葉野菜は、フォークで押さえつつナイフで折りたたむようにすると、少し厚みが出てフォークで刺しやすくなります。また、トマトなど厚みのあるものと一緒に刺すのも1つの方法です。これらは茎の部分の野菜を食べるときも同様です。

私はつねづね「美しく食べるには、それなりの戦略が必要」と言っているのですが、食べづらい食材は、その典型例。無造作に何となく食べ進めるのではなく、料理の全体を見渡しながら、「どうやったら最後まで美しく食べきることができるだろうか」と戦略を立てましょう。

また、ナイフとフォークの配置は、お店の人へのメッセージになります。ナイフとフォークをプレート上に「ハ」の字に置くのは、「食べている最中です」ということ。ナイフとフォークをプレートの右下に斜めにそろえて置くのは「食べ終わったので、下げてください」ということです。

ワインのサーブのされ方、飲み方にも品性が表れる

ワインを注いでもらうときは、必ず、ワイングラスはテーブルに置いたままです。和食の席でビールや日本酒を注いでもらうときは、「ありがとうございます」の気持ちで盃やグラスを持ち上げますね。お店の人が注いでくれる場合もありますが、和食の文化では自分たちで「差しつ差されつ」というのが主流です。

しかしフランス料理は違います。「サーブする側」「サーブされる側」という階級のもと、マナーが確立されました。ワインを注いでもらうときに、こちらからワイングラスを持ち上げるような真似はしません。

階級というと旧時代的に思えるかもしれませんが、古来、先人たちが確立してきたマナーは、今もこうして守られているというわけです。

ちなみに、ワイングラスは香りや味わいの特徴によって使い分けますが、ソムリエの判断で適切なグラスに注がれるので、お任せして大丈夫です。ただ注がれるままに飲むよりは、どういうワインだとどのグラスに注がれるのかを観察したり、ソムリエに聞いてみたりすると、食の楽しみがいっそう広がるでしょう。

グラスは右手で持って、右側に戻す

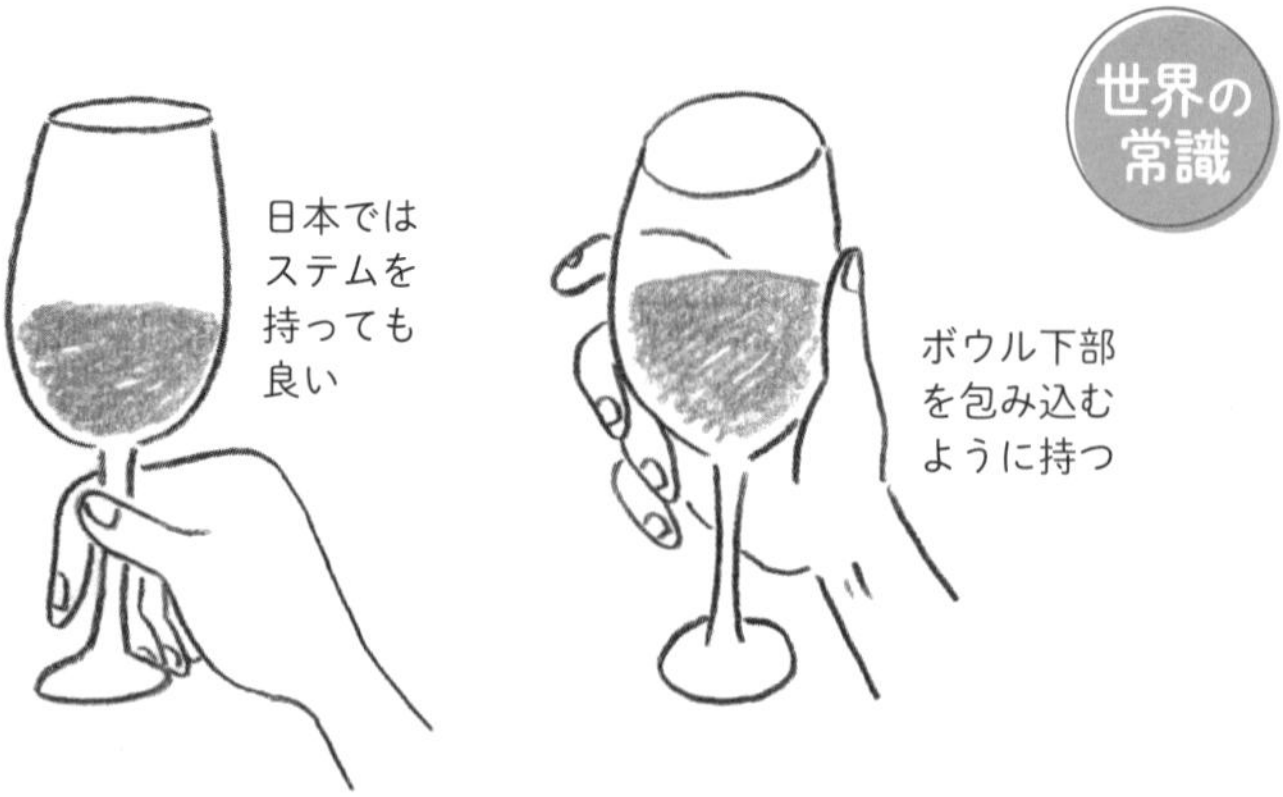
世界の常識
日本では
ステムを
持っても
良い
ボウル下部
を包み込む
ように持つ

ワイングラスの持ち方は、2種類あります。

①ボウル下部（丸い部分）を指先で支え、軽く包み込むようにする

②ステム（脚の部分）を親指、人差し指、中指で軽くつまみ、ほかの指は軽く添える

世界的には一般的なのは①です。

日本では、②の持ち方を正しいと感じている人も多いのですが、実は、各国の国賓クラスの方々の晩餐会は①が主流です。

ワインを飲むとき、ワイングラスを傾けるのと同時にアゴも一緒にグイーッと上げてしまうと、ワインを呷って飲み干しているような、はしたない印象になります。

アゴを連動させなくとも、グラスを傾ければ最後まで飲めます。せいぜい顔が少し

上を向くくらいで、「傾けるのはワイングラスだけ」と心得ておきましょう。

ワインのテイスティングは店と客との信頼の儀式

ボトルワインを選ぶと、必ず、ホストのグラスにほんの少しだけ注ぐ「テイスティング」があります。

テイスティングといっても、「好き・嫌い」を見極めるためではなく、「品質が悪くなっていないかどうか」を確かめるためのものです。万が一にもカビ臭いなどの異変を感じない限りは、「これでお願いします」という流れになります。

ちなみに、ホストがテイスティングして「OK」となったら、ソムリエは、まずゲストのグラスに注いでから、ホストのグラスに注ぎます。ホストがテイスティングするのは確認のためであって、あくまでも優先されるのはゲストというわけです。

自分がテイスティングする立場になっても、何も緊張する必要はありません。「品質の確認のため」とはいえ、たいていは間違いないものが出されるはずなので、ワインを楽しむための1つの通過儀礼と考えて、堂々と振る舞いましょう。

「乾杯」の一番の心得は「顔」である

ワイングラスは繊細です。乾杯ではグラスをカチンと合わせず、自分の胸の高さくらいまで軽く持ち上げるのが正式です。

ここで私が何よりも重視しているのは、表情です。**乾杯は、「食べましょう」の合図ではなく、心の表現**です。相手とちゃんと目を合わせ、ニッコリ笑ってグラスを持ち上げる。こうして「おめでとう」「集まれてうれしい」「お会いできて光栄です」などの**気持ちを通わせることを一番**に考えてください。

場合によっては、グラスを鳴らそうとグイグイ差し出してくる人もいるかもしれません。そこで頑なに拒否するのは無粋というもの。相手の気持ちを汲みましょう。グラスを傷つけないように気をつけながら、そっと合わせればよいでしょう。

平皿の上の芸術・盛り付けを愛でる

フランス料理は、平皿の上に描かれた芸術作品といってもいいくらい、盛り付けの美しい料理です。

料理が運ばれてきたら、まず、そんな盛り付けを目で存分に楽しみましょう。ただし、テーブルに置かれた平皿を上から眺めるだけです。決して、平皿をうやうやしく持ち上げて眺めたりしないでください。

格式のあるお店では見ませんが、ボウル状の小器でサラダが出されたときなども、ついお茶碗と同じ感覚で持ち上げたくなるかもしれません。でも、西洋料理は器を持ち上げて食べません。

持ち上げていいのは、ワイングラス、コーヒーカップ、ティーカップといった飲みものの容器だけと心得ておきましょう。また、料理の器でも、例外としてスープが取っ手のついたカップで出された場合は、持ち上げてかまいません。

ソースを余らせないよう、計算しながら食べる

フランス料理は「ソースを楽しむ料理」ともいわれます。まさしく料理ごとに趣向を凝らしたソースは、肉や魚の単なる引き立て役ではありません。ソースには、そのお店の思想や哲学が表れているといっても過言ではないのです。

それだけに、ソースを堪能するのも、フランス料理のマナーの1つです。

ここでも重要なのは「戦略」です。肉や魚を食べ終えたときにソースがたっぷり残っていた……ということにならないよう、お皿の全体を見渡し、ソースの量を勘定に入れつつ、一切れごとに絡めながら食べていきましょう。ただ、その一点に集中する

あまり、会話がおろそかにならないよう注意してください。

中座するなら、デザートの前がベストタイミング

会食中はなるべく中座しないほうがよいというのはすでに触れましたが、**やむを得ず化粧室に立つなら、デザートの前まで待ちます。**

英語の「デザート」の元であるフランス語の「デセール」には「食卓を片づける」という意味があり、文字どおり、すべてのものが下げられてテーブルの上は水だけになります。

つまり、デザートの前は、「ひととおり料理は出し終えたので、いったんすべて下げてテーブルの上をクリアにしますね」という時間帯。いわばデザートまでの幕間、小休止ということなので、中座するならベストタイミングといえるのです。

これはフランス料理だけでなく、懐石でも同様です。なるべく中座しないほうがいいというのも同じなのですが、どうしてもその必要が生じた場合は、すべての料理を食べ終え、お菓子と濃茶が出されるまでの間に行きましょう。

c o l u m n

コラム②

騎士道が生んだ椅子のマナー

フランス料理では、「椅子の左側から」座ります。

だからといって椅子の右側から座ったらマナー違反ということではないのですが、「椅子の左側から」というのには、明確な理由があるのです。「騎士」に関係している、といったらご想像いただけるでしょうか。

騎士は左側に剣を差しています。騎士の仕事は、何かあったときに主君や淑女を守ることですから、食事のときも剣を身につけたまま。その状態で椅子の右側から座ろうと思うと、剣がつっかえてしまいます。

椅子の左側から座るのは、騎士たちが、剣が邪魔にならないように座っていたことの名残なのです。もちろん、今では誰も剣なんて差していませんから、必ず守らなくてはいけないマナーではありません。

3章

中国料理

――大勢で分け合う大皿料理に見る仲間意識

中国料理の食事場面というと、どんな光景が思い浮かびますか？
豪快に盛られた大皿料理に、派手に酌み交わされるお酒。
まわりが汚れるのもいとわず盛大に飲んで食べて、
ワイワイ、ガヤガヤ、賑々しく語らう大勢の人々――。
そんなイメージが浮かんだとしたら、正解です。
食べることを通じて仲間意識を高め、助け合いの精神を強める。
中国の文化において、食事の席を共にすることには、
義兄弟の契を結ぶくらいの重大な意味があるのです。

家族や仲間を大切にする中国

「取り箸を使わない」のは信頼の証

中国料理の最大の特徴は、大皿に盛り付けた料理をみなで分け合うこと。個別に配膳されるフランス料理などと違って、中国料理には「私の料理」「あなたの料理」という個人所有の概念がありません。

その背景には、「仲間内での共有意識が強い」という中国人の価値観があると考えられます。日本にも「同じ釜の飯を食う」という表現がありますが、それ以上に、中国人は「何でも分け合ってこそ仲間」という意識が強く、和合を重んじるのです。

中国料理では「取り箸」を使わないのですが、これも強い家族意識に由来する習慣でしょう。「仲間同士、互いに信頼しているからこそ直箸でＯＫ」というわけです。いわば信頼の証なのです。

そこで取り箸を使おうとすると、「あなたは私のことを信頼していないんですか?」「私の直箸は汚いっていうこと?」と思われかねません。日本人同士ならば和式に従い、取り箸を使うかもしれませんが、中国人と一緒に中国料理を食べる機会があったら気をつけたいポイントです。

中国料理の器は、ごくシンプルです。種類は、料理を盛る大皿、取り分け用の小皿、スープやご飯を入れるボウルくらいのものですから、どんな料理にも合わせやすく合理的です。宮廷料理では特別な器を用います。

「炎」と比喩される中国の食文化

中国料理は、しばしば比喩的に「炎」と表現されます。強火で調理され、豪快に大皿に盛られた料理は中国料理の象徴。まさに「炎」のようなイメージです。

器や盛り付けの美しさや季節感を楽しむ和食、芸術的な盛り付けとソースを楽しむフランス料理に比べると、中国料理は豪快な印象があるかもしれません。

しかし料理の味わいだけでなく、その国の食文化ごと楽しめてこその教養です。中国料理を食べるときには、体を冷やすものを避け、医食同源に基づいた炎のような力強さを堪能してください。

点心とは、中国語で「とても大切なもの」「命の中心のもの」という意

そんな中国料理で、もう1つ、欠かせないのは「点心」です。

「点心」とは、もともと中国語で「とても大切なもの」「命の中心のもの」といった意味合いのある言葉。つまり、それほど中国人にとって大事なものということです。

点心は、大きく「鹹点心《シエンテンシン》」と呼ばれる塩味のものと、「甜点心《テンテンシン》」と呼ばれる甘いものがあります。鹹点心は麺類、チャーハン、シュウマイ、餃子、春巻き、簡単な炒めものまで多彩。甜点心には、揚げまんじゅう、桃まんじゅう、杏仁豆腐、マンゴープリン、揚げバナナなどがあります。

一見すると「軽食」が多いという印象を受けると思いますが、中国人にとっては、朝食として、おやつとして、あるいは夜食として――つまり朝から晩まで非常に身近で重要なもの。コースの後半に出されることもよくあります。点心は、中国の食文化の根幹を成すものの1つなのです。

さて、中国料理のマナーはシンプルです。とはいえ、大人数で大皿料理をシェアするにはチームワークが求められますし、食事の席での振る舞いは、いくつかの点で日本人の感覚と大きく異なります。次のポイントを頭に入れておきましょう。

教養としての中国料理のマナー

料理の取り分けでは、「メンツ」「テンポ」を守る

中国人は非常に「メンツ」を重んじます。特に目上の人のメンツを潰すのはタブーですから、食事の席でも、まず目上の人から料理を取ります。料理をシェアするには周囲との共鳴、チームワークが重要です。

一番よくないのは、話に夢中になったりして料理を放っておくこと。大皿が回ってきたら速やかに自分の分を取り、隣の人に回す。このテンポを崩さないように注意しましょう。まだ食べたくない場合は、「お先にどうぞ」とひと言添えて、速やかに隣の人に回します。

もちろん、自分の分を取るときは、全員にまんべんなく行き渡るよう、「何をどれだけ取っていいのか」を瞬時に判断することも大事です。

目安としては、全員が食べられるように「自分の分として取っていいマックス量よりも、やや少なめ」を心がけます。全員に行き渡ってから、まだ大皿に料理が残っていたら、おかわりするようにしましょう。

どこを取っても和食と違う「お皿」のマナー

新しい料理が運ばれてくるごとに、取り皿も取り替えてかまいません。和食では料理を出してくれた側の手間を省くため、極力、食器を汚さないように配慮するのがマナーですが、中国料理では違います。

ただし、魚の骨、肉の骨、甲殻類の殻などを自分の取り皿に置くのは、中国料理では本来は無作法とされています。残余物はテーブルに置き、「こんなにテーブルやクロスが汚れるほど、みなで楽しみました」と示すのが正式なマナーなのです。この点も、自分のお皿の右奥に残余物をまとめる和食とは違いますね。

しかし、近年ではかなり感覚が変わってきています。中国人の間でもグローバリズムが浸透するにつれて、他文化では理解されづらい中国独自のマナーが控えられる局面が増えてきているようです。

「本来はテーブルに直に置く」という知識はもったうえで、周りの人の様子も窺いつつ、その場ではどう振る舞うかを選ぶといいでしょう。「知識があること」自体ではなく、「臨機応変に選択できる」ことが教養です。

また、取り皿を含め、お皿は持ち上げても口をつけてもいけません。単品のスープ、麺類のスープ、ごはんもの、すべて器はテーブルに置いたまま、お箸と蓮華で食べましょう。

例外的に、ごはんをよそったボウルは持ち上げてもいいとされていますが、それでも口はつけません。

麺類・スープは、すすらず、なるべく音を立てずに食べる

西洋ほど厳しくはありませんが、麺やスープを食べるときに音が立つのは、中国料理でもNGです。麺類はすすって食べますが、ズルズルと音を立てないよう静かにすりましょう。

また、日本人がラーメンを食べるときによく見られる「片手に箸、片手に蓮華」というのも、中国料理ではマナー違反です。

「箸で麺や具を食べる」「蓮華でスープを飲む」という2つの動作は別物と考え、そのつど箸と蓮華を持ち替えて食べていきます。

なるべく音を立てずに、優雅に麺を食べる

小倉の奥義

①上のほうの麺を少量持ち上げる

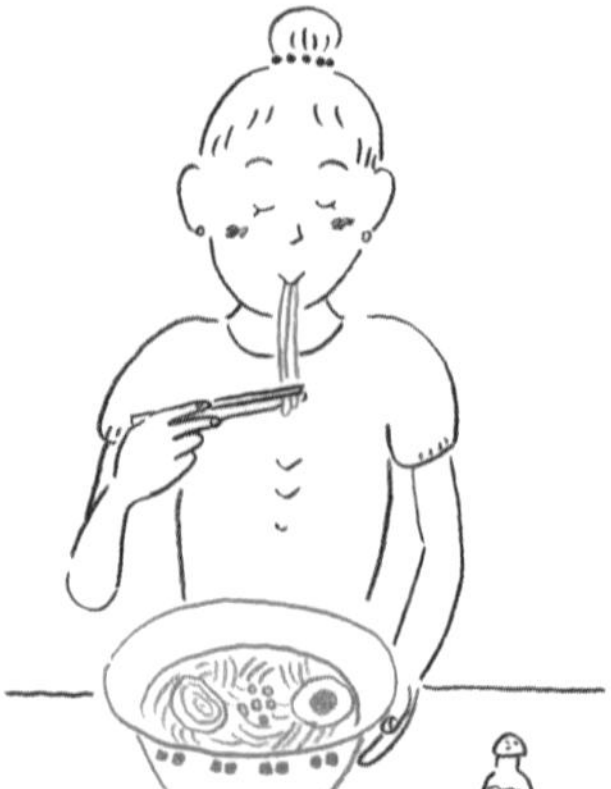

③途中で噛み切らないように、お箸を3回くらいずらしながら口に送って食べる

②口に入れたら麺のしっぽを箸で持つ

点心の「まんじゅう」にかぶりつくのはマナー違反

点心のなかで注意したいのは、肉まん、あんまんの食べ方です。たとえばコンビニエンスストアなどで肉まん、あんまんを買ったら、おそらく多くの人が直接かぶりつくと思いますが、点心ではマナー違反。手で一口大に割って食べましょう。

興が乗ったら何度でも乾杯する

中国料理の「乾杯」は食事の最初だけではありません。遅れて到着した人が席についたとき、話が盛り上がったとき、誰かがおめでたい報告をしたとき……、興が乗ったら何度でも乾杯をします。

あえて料理を残すのは、ホストのメンツを守るため

日本人の感覚だと料理を残すのは「もったいない」ですが、中国料理を食べきるのは、「足りませんでした」というメッセージになってしまいます。

あえて料理を残して「食べきれないくらい、十分な量を出していただきました」「満腹です」と示すことで、料理人やホストのメンツを潰さないように配慮するのが、中

国式のマナーです。

ただ、このマナーも最近では少し変わってきています。特に海外滞在経験が多くあるようなエリートの間では、「食べものを残すことをよしとしない」というグローバルスタンダードに合わせる傾向が強くなっています。

column

コラム③

接待で「中国料理のコース。メインはエビチリ」はOKか？

日本人は中国料理が大好き。これには異論なしでしょう。それだけに日本における中国料理は、高級店もあれば、「町中華」と呼ばれるような大衆的なお店もあり、はたまた、おいしいレトルト商品も数多いという多彩さです。

だからこそ、接待などで中国料理店を選ぶ際などには、注意が必要です。

たとえば、麻婆豆腐、エビチリ、焼き餃子——いずれも引けをとらない大人気料理ですが、よほど「ここのスペシャリティなんです」と自信をもってプレゼンできない限り、ビジネスユースで、これらをメインに据えるのは避けたほうがいいでしょう。

実際、接待のアレンジを命じられて、エビチリを一番のメインにした中国料理のコース料理を選んだら、上司に怒られてしまったという話を聞いたことがあります。

「おいしいこと」は、もちろん大事。でも、それと同じくらい、あるいはそれ以上に、TPOを考えたお店選び、メニュー選びをすることが大事なのです。

4章

イタリア料理

——「健康」「悦楽」としての食の源流、ここにあり

現代では「美食の王様」はフランスといえども、
食を文化にまで高めた功績は、イタリアにあります。
イタリアは南北に長く、地域によって気候も作物も、
そして郷土料理も、実に地方色豊か。
かつて「腹を満たす」だけだった食が、
イタリアで文化的価値を帯びるようになったのは、
地理的必然だったといっていいでしょう。

「腹を満たす」「おいしい」以外の価値はイタリアに始まる

食を「文化」にまで高めたイタリア料理の功績

洗練された文化としての食というと、フランスのイメージが強いかもしれません。
しかしフランス料理の章でも述べたように、フランスにテーブルマナーがもたらされたきっかけは、イタリア・メディチ家からフランス王家への嫁入りでした。テーブルマナーだけではありません。かつては「空腹を満たすため」だけだったものに「洗練」や「精神的な豊かさ」といった要素が加わり、食が文化にまで高められたのも、もともとはイタリア料理においてでした。

そんな**イタリア料理をひと言で称するとしたら、「素材を楽しむ料理」**といえます。
フランス料理のように趣向を凝らしたソースを楽しむというよりは、地球の恵みである素材そのものの味わいを楽しみ、感謝しつつ食す。そういう精神風土があるように感じます。

イタリアに「イタリア料理」はない？

イタリア料理といえば、もう1つ、ぜひ頭に入れておいていただきたいのは、地方色の多彩さです。

地中海に面した温暖な南部では、トマトやオリーブオイル、魚介類をふんだんに使った料理。イタリア料理というとトマトとオリーブオイルというイメージが強いと思いますが、それは南部の料理を指しているに過ぎません。

イタリア北部は山間地であり、酪農が盛んです。したがってイタリア北部で多く見られるのは、バターやミルクをベースとした煮込み料理や、クリーム系パスタです。

実は小麦の種類も南北で違うため、当然、小麦から作られるパスタも違います。

南部のパスタは硬質な小麦を使った乾燥パスタ。乾燥パスタのパッケージに、よく「デュラム・セモリナ粉」と表記されていますが、「デュラム＝硬質小麦」「セモリナ＝粗挽き」ということ。私たちが「パスタ」と聞いてパッとイメージするのも、やはり南部のものなんですね。

一方、北部では軟質小麦を使った生パスタが主流です。また、小麦粉ばかりでなくそば粉がよく使われるのも北部イタリア料理の特徴です。

ご存知のようにイタリアは南北に細長い半島です。北のほうと南のほうとでは気候も作物も異なり、同じ国の料理とは思えないほど、地方によって食文化が違うのです。「イタリアに『イタリア料理』はない」とよくいわれるのも、そのためです。

たとえばアマトリチャーナはラツィオ州の料理、パスタジェノベーゼはリグーリア州の料理、ピッツァ・マルゲリータはカンパニア州の料理、というように、イタリアの料理はどれも、全20州のうちどこかの郷土料理の1つというわけです。

さて、フランス料理の章で紹介したテーブルマナーは、もともとイタリアからフランスにもたらされたものなので同様と考えてかまいません。ここではイタリア特有の料理を食べる際のマナーだけ紹介しておきましょう。

教養としてのイタリア料理のマナー

パスタ、米料理はメインの前？　後？――イタリア料理のコース

イタリア料理のコースは、次の順序で出されます。

①「アンティパスト」→②パスタやリゾットなどの「プリモピアット（第一の皿）」→③肉か魚のメイン料理「セコンドピアット（第二の皿）」→④サラダ、野菜のソテーなどの副菜「コントルノ」→デザート「ドルチェ」。

「アンティパスト」は、コースが始まる前のちょっとした一品のこと。フランス料理の「アミューズ」や「前菜」と同じような立ち位置のものと捉えていいでしょう。

日本人の感覚からすると意外なのは、パスタやリゾットが、メイン料理の前に出される点ではないでしょうか。スープの場合（イタリアでは、スープは飲むものではなく食べるもの）もありますが、イタリア料理のコースでは、炭水化物系の料理はメイン

料理の前に食べる前菜なのです。

ここで1つ、気になっている人もいるかもしれません。イタリア料理と聞いて、パスタと並んで思い浮かぶ料理——そう、ピザがコースに入っていません。

実は、ピザは大衆料理、あるいは軽食という位置づけなので、レストランで食べるコースには組み込まれていないのです。

「パスタ」をフォークにきれいに巻き取るコツは2つ

西洋では、音を立てて食べるのは絶対タブーですから、パスタも音を立ててすすってはいけません。一口分にまとまるくらいの量を、フォークで最後まで巻き取ってから口に運びましょう。その際のコツは2つ。

まず、パスタは「山の頂上」ではなく「山の裾野」から食べ始めるもの、と覚えておいてください。盛り付けのトップにフォークを入れ、お蕎麦を食べるときのようにパスタを上に引っ張り上げるのはNGです。

山の裾野、つまり盛り付けの手前側の端にフォークを入れ、数本のパスタを選んで、手前に引きます。すると巻き取りたい分量だけを、盛り付けの山から分離させることができます。あとはフォークをクルクルと回して、その数本のパスタを最後まで巻き

パスタを美しく巻いて食べる

小倉の奥義

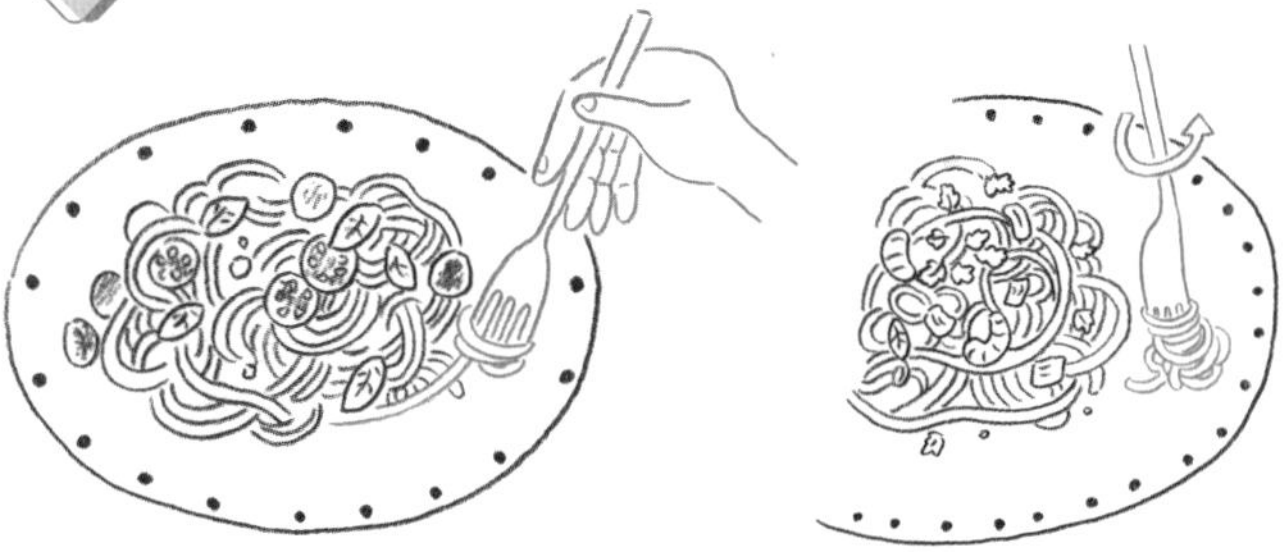
①フォークの歯のすき間に3〜4本を巻いて取る
②お皿の余白でフォークを垂直に立てて巻き取る

取るだけです。

最後まで巻き取るのが苦手という人もいるでしょう。

そこで2つめのコツなのですが、巻き取り終わりのところで何となくフォークを持ち上げずに、クルッとすくい上げるようにしてみてください。

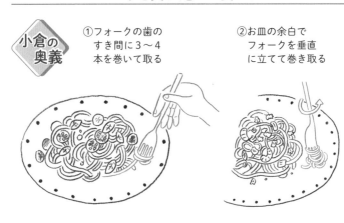

するとパスタの端がダランとフォークから垂れ下がることなく、すべてきれいにフォークに収まりやすくなります。

スプーンを使うとうまく巻き取りやすいのですが、本国イタリアでは、スプーンは「まだフォークを上手に扱えない子どもが使う」とされているもの。できればフォークだけで食べたいところです。お店で出されたら使ってもかまいませんが、「スプーンを使うのは正式ではない」ということは覚えておいてください。

では、フォークに巻き取った量が一口分より多すぎてしまった……！　というときはどうしましょう。

大きな塊を無理やり口に押し込んだら、美景をキープできません。なるべく避けたいことではありますが、そんなときは、いったんフォークから外して、イチから巻き直していいでしょう。

パスタといえば、以前、こんなことがありました。当時「ダンディ」「女性にモテる」「紳士」といったイメージで知られていた著名な俳優Aさんと、イタリアンレストランにて会食の機会をいただいたときのことです。

Aさんは、フォークを水平にして、パスタをクルクルと美しく巻いて召し上がっていました。食べた後のお皿も美しかった。

このように食べようとすると肘が外に張り出しやすいので、かなりパスタを食べ慣れていて、かつ空間を楽しむ心の余裕のある人でないと、かえってぎこちなくなってしまいます。

ピザをエレガントに食べる

小倉の奥義

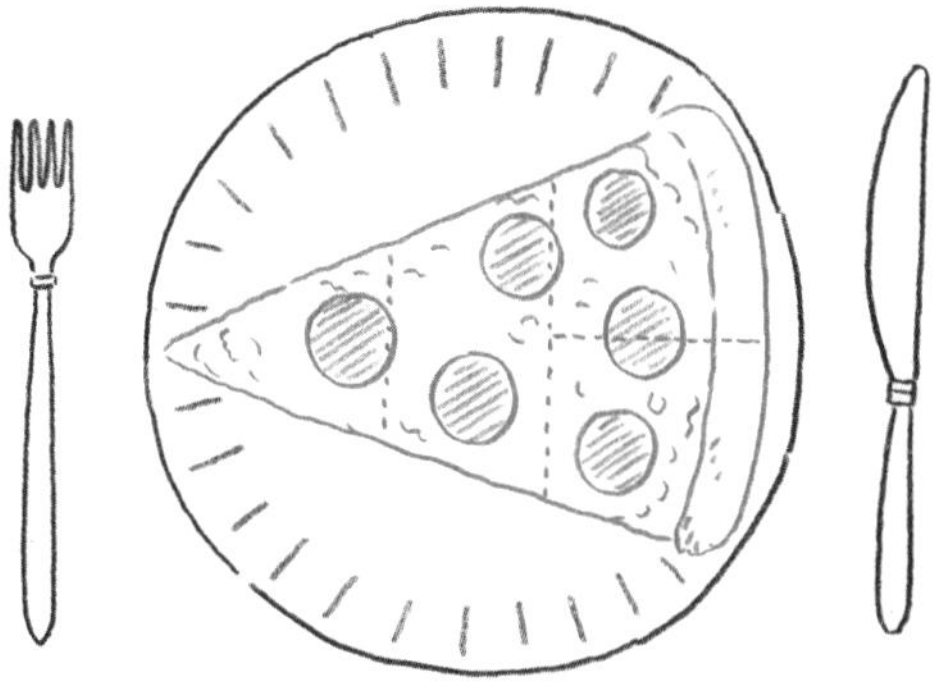

ピザの先端から一口分に切っていき、最後はピザの向きを変えて、耳に垂直にナイフを入れる

このスタイルでかっこよく食べこなすのは、イタリア人、特に男性だと珍しくないのですが、日本人ではほとんど見かけたことがありません。Aさんはさすがでした。

「ピザ」はナイフとフォークで食べるのが本家イタリア式

アメリカンスタイルのピザは手で食べるものですが、本国イタリアのピザはナイフとフォークで食べるのが主流です。三角ピースの先端から一口分を切って食べていきます。

ただ、そのまま食べ進めると、最後は味気のない耳の部分だけになってしまいます。

私が生徒さんにおすすめしているのは、3分の2くらいまで食べたところでピザの向きを変え、耳に垂直にナイフを入れるように切り分けること。こうすると最後までソースやチーズと一緒に生地を味わえます。

また、三角の先端からクルクルとピザを巻き、ロール状にしてからナイフでひと口分を切って食べていくという方法もあります。でも、この食べ方は、私はしません。なぜなら、こうすると具材がすべて内側になってしまうから。私が大事にしている「料理は目でも楽しむ」という一面が失われてしまうのです。

ちなみに、ローマピザのように極薄の生地を使ったピザだと、フォークで刺しづらいかもしれません。そんなときはナイフとフォークを使ってピザを2つに折りたたむと、少し厚みが出て刺しやすくなります。

c o l u m n

コラム④

イタリア人は、例外なくパスタを美しく食べる？

現地の人たちは、自国のマナーを物心ついたころからマスターしていて、さも当たり前のように使いこなしている？　実はそうでもありません。日本人だって、みんなが完璧にお箸のマナーを守っているわけではありませんよね。でも、海外の人の多くは、そう信じているようです。お互い様というわけです。

イタリア料理にしても、「イタリア人は、みんな、パスタを美しく食べるんだろうな」と思いがちですが、パスタを噛み切ったり、フォークに多く巻きすぎたりしている姿は、案外、よく見かけます。マナーの教科書どおりではない。それでも彼らにとっては「日常食」ですから、「食べ慣れている感じ」はあって楽しそうなのです。

また、イタリア人にはピザの耳を残す人も少なくありません。そこで「ピザの耳は残すのが正式なんだ」と勘違いしたのか、真似している日本人がいましたが、これなども「本場の人たちの振る舞いが正解とは限らない」という一例です。

5章

韓国料理

――「世界随一の健康食」の源にある思想とは

食を医療の一環として考える。
そう聞くと中国の「医食同源」を思い浮かべる人は多いでしょう。
しかし、その思想は、実は韓国のほうが強いようなのです。
韓国の食文化の根底にあるのは「薬食同源」——
つまり「すべての食べものは薬である」という思想をもとに、
世界随一ともいえる健康的な食が確立されてきました。
日本と同じ東アジア圏の隣国とはいえ、異なる部分も多い韓国料理、
その文化的背景と基本のマナーを見ていきましょう。

すべての食べものは「薬」になる

――「薬食同源」の韓国料理

韓国料理の二本柱は「野菜」「発酵」

韓国料理というと、パッと思い浮かぶものは何ですか?

プルコギ(牛肉)、サムギョプサル(豚バラ肉)など、こってりした肉料理と一緒に思い浮かぶのは、肉を包んで食べるサンチュの葉や、モヤシやゼンマイなどのナムル、ビビンパ、そして何よりキムチではないでしょうか。

韓国料理には脂っこい肉料理もあるものの、それよりもずっと多く、かつ種類豊かに食されているのは、ふんだんに野菜を使った料理や、キムチに代表される発酵食品なのです。「腸の健康が全身の健康に直結する」というのは、すでに現代医学の常識となっており、その腸の健康の要に食物繊維と発酵食品が挙げられます。「薬食同源」の思想のとおり、韓国料理には腸を元気にし、免疫力を高める効果が期待できます。

なかでも身近な料理は、やはりキムチでしょう。

ペチュキムチ（白菜のキムチ）、オイキムチ（キュウリのキムチ）、カクテキ（大根のキムチ）、ポッサムキムチ（海鮮を用いた贅沢なキムチ）くらいなら日本人の間でも知られていますが、これらはほんの一部に過ぎません。本場韓国には軽く２００を超える種類のキムチがあるといわれているのです。

世界随一の健康食を生んだ「陰陽五行説」とは

ナツメ、クコの実、松の実……、ほかにも数え上げたらキリがありませんが、韓国料理では、栄養価が高い食材や薬効のある食材が多く使われます。

たとえば、丸鶏にもち米やクコの実を詰めた参鶏湯（サムゲタン）は、夏バテ防止に効く韓国料理として、今では日本でも広く知られているのではないでしょうか。日本では「薬膳」と呼ばれたりもします。

韓国には「薬」の字を冠した料理もたくさんあります。

たとえば、「薬飯（ヤクシク、ヤッパップ、ヤッパブ）」は、もち米に栗やクコの実を炊き込んだご飯で、主にお祝いの席で食されます。「薬果（ヤックァ）」は小麦粉に蜂蜜、シナモンなどを練り込んだ伝統的な揚げ菓子。「薬酒（ヤクチュ）」は、薬効のある食材を漬け込んだお酒です。

また、「薬念（ヤンニョム）」とは、韓国でよく使われる香味野菜、香辛料、調味料の総称です。ネギ、ショウガ、ニンニク、コショウ、トウガラシ、シナモン、ゴマ、カラシ、サンショウ、塩、砂糖、醤油、みそ、酢、コチュジャン、さらにはゴマ油も「薬念」の1つ。これらが単に「料理を引き立てるもの」としてだけでなく、「薬になるもの」として重用されているのです。

こうした呼び名にも見て取れる「薬食同源」思想の大元は、陰陽五行説です。

陰陽五行説は非常に奥が深く、ここですべてを解説するには、とうてい紙面が足りません。ごく基本的なことだけお話しすると、陰陽五行説とは、自然や人体など万物の性質を「木・火・土・金・水」の5つの概念で捉える考え方のこと。

食においては、「体を温めるか冷やすか」を示す「食性（五性）」＝熱・温・平（温めも冷やしもしない）・涼・寒」、「味」を示す「食味（五味）」＝酸・苦・甘・辛・鹹（塩辛味）」に分類し、体質や季節ごとに食べるべきものを定めています。

韓国料理は、この陰陽五行説に従って、中国の食文化とはまた違った「薬としての食」を発展させてきたというわけです。

教養としての韓国料理のマナー

相手の年齢によって「正しい振る舞い」が変わる

韓国料理のマナーとして、まず覚えておきたいのは、「相手の年齢を聞く」ことです。年齢を尋ねるのは失礼と思いそうですが、韓国では、日本以上に年長者を敬います。食事の席での正しい振る舞いも、相手の年齢によって変わるので、最初に確認しておきたい必須情報なのです。

韓国人の食事は、年長者が食べ始めたら年下の人も食べ始め、年長者が食べ終えたら年下の人も食べ終える、という具合に進行します。年下の人が先に食べ始めるのも、先に食べ終えるのもマナー違反とされています。

お酒の席では、まず年下の人が年長者にお酒を注ぎます。その際は、和食の酒席のように徳利は両手で持ちません。右手に徳利を持ったら、左手を右腕に添えて、お酒

年長者を敬う儒教の教えがマナーの根幹

世界の常識

お酒を注ぐとき

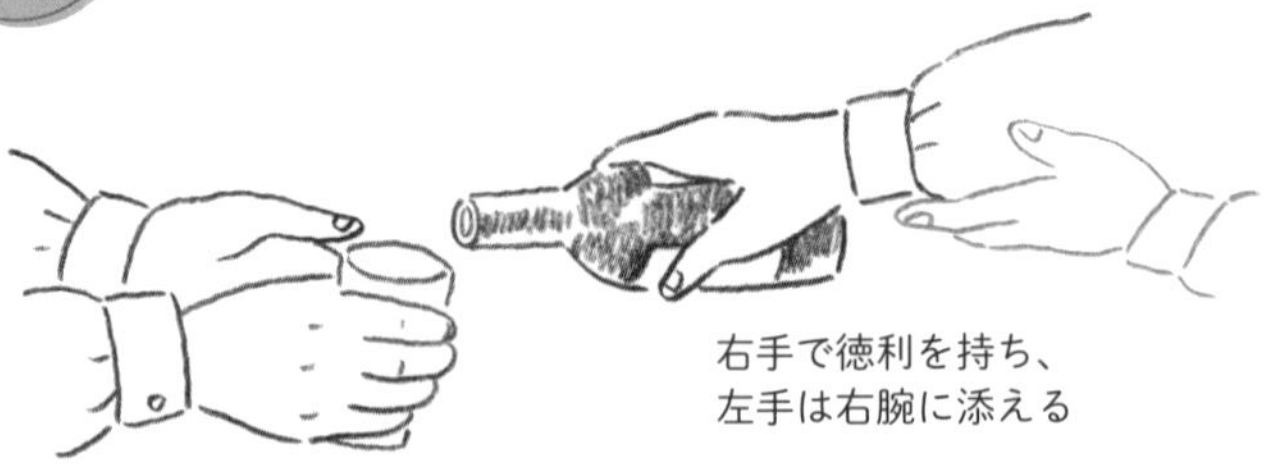

右手で徳利を持ち、
左手は右腕に添える

お酒を飲むとき

年長者の前では、必ず顔を横に向け、
口元は左手で隠す

を注ぎます。また、日本のマナーでは相手のお酒がなくならないうちに注ぎ足しますが、韓国では「完全に飲み干した後に注ぐ」のが基本のマナーです。

年長者からお酒を注いでもらうときは、グラスを両手で持ちます。年長者の真正面を向いたままお酒を飲むのは失礼に当たるので、必ず顔を横に向け、さらに口元を左手で隠しながら飲みましょう。

座り方には年齢による区別はありませんが、男女で異なります。

女性は立て膝、男性はあぐらで座るのが正式。服装によっては難しい場合も多いと思いますが、頭に入れておくといいでしょう。

韓国料理の器・箸・スプーンのマナー

韓国料理では中国料理同様、食器を持ち上げません。カジュアルな席ではご飯茶碗を持ち上げることもありますが、正式にはマナー違反です。

おかずは箸で食べ、ごはんはスプーンで食べます。箸を持っている間、スプーンは卓上に、スプーンを持っている間、箸は卓上に置いておく。ここも中国料理と同様、「片手に箸、片手にスプーン」はＮＧです。さらに「取り箸を使わない」というのも、中国料理と同じ。鍋ものも大皿料理も、直箸で取り分けます。

韓国料理の基本の並び順

韓国料理というと、キムチやナムルを少しずつ盛った小皿が次から次へと出されるイメージがあるかと思いますが、ただ、不規則に並んでいるわけではありません。正式には一定のルールがあり、炒め物や煮物などのメイン料理、スープなどの温かい料理は右側、キムチなどは左側と決まっています。

韓国料理は「混ぜ文化」、ごはんものはしっかり混ぜてから食べる

日本にも韓国にも「ごはんにおかずを盛り付けた料理」がありますが、大きく異なるのは、「器の中で混ぜるかどうか」。

和食の丼ものは基本的に盛られたままの状態で端から食べていくのに対して、韓国料理は「まず、よく混ぜる」のです。

ビビンパは、彩りよく並んだナムルとごはんを混ぜ合わせてから、スプーンで食べます。参鶏湯は、鶏肉に詰められたもち米を最初にすべて出し、鶏肉はざっくりくずし、やはりよく混ぜ合わせてからスプーンで食べます。

c o l u m n

コラム⑤

食物を混ぜるか？ 混ぜないか？ 韓国と日本の「命」に対する感覚

「韓国料理は〝混ぜ文化〟。『薬食同源』で、体によくておいしければいいんだ」とは韓国人の友だちの言葉。とにかく韓国人は、何でも混ぜて食べると言っても過言ではないのです。

一方、牛丼を最初によく混ぜてから食べる人は、ほとんど見かけません。天丼もしかり、親子丼もしかり、うな丼もしかり。和食の丼ものは、具とごはんのそれぞれの味わいも大事にしながら、口の中で混ぜて食べるのが通常ですよね。

その理由は、単に料理の見た目を重視するからだけでなく、日本には、自分の口の中で調味する「口中調味」の習慣があるからでしょう。これは世界でも稀な習慣です。

さらには、命に対する感覚も関係していると思っています。「食＝大切な自分のエネルギー源」（韓国）、「食＝万物に宿る命を分けていただくもの」（日本）という違いも、「食物を混ぜるか、混ぜないか」の違いに表れているように感じます。

6章

インド料理・ハラルフード

——宗教の戒律と固く結びついた食文化

世界には宗教の戒律に則った食生活を送っている人も、
数多く存在します。
宗教にはたいてい食の戒律があるものですが、
ここでは、ヒンドゥー教が思想的背景にあるインド料理と、
イスラム教の戒律に従ったハラルフードを取り上げます。
他者の信仰に敬意を払い、尊重する。
「知らなかった」ではなく、食を通じて豊かに交流し、
親交を深めるための心得を身につけましょう。

5000年の伝統医療と宗教が育んだインドの食

インド料理の思想的背景は、アーユルヴェーダとヒンドゥー教

日本とインドは、食に対する価値観や思想に近いものがあるように感じています。大地の恵みである食材そのものを神聖視し、丁重に扱う。ところが、その敬意の表し方が、正反対といってもいいほど違うというのがおもしろいところです。

日本では、神聖な食べものに直に触れるのは失礼であるという価値観から、お箸を使うようになったとお話ししましたね。他方、インドでは「手食」をします。おそらくその根底に流れているのは、食べものは神聖だからこそ、何も包み隠さない素の自分のままで触れるという思想です。

食べものは神聖だから手で触れない。食べものは神聖だから手で触れる。根拠とな

る価値観は似通っていても、実際の行動体系は異なるわけです。

ではインドの食の思想的背景は何かというと、5000年もの歴史をもつとされる伝統医療「アーユルヴェーダ」と、国民の約8割が信仰しているとされるヒンドゥー教です。

アーユルヴェーダとは「アーユス＝生命・寿命」「ヴェーダ＝知識・学・科学」、つまり「生命科学」を意味しますが、医療のみならず、生きるとは何か、幸せとは何かといった深い問いを含むインド古来の思想・哲学です。決して辛いだけではなく、スパイスが豊かに香るインド料理の源流には、アーユルヴェーダがあります。

各種スパイスには、殺菌効果をはじめ、新陳代謝の向上、消化促進などさまざまな薬効があるとされています。食材の保存や、鮮度の落ちた食材の臭み消しにも役立ちます。

インドの気候は、寒暖の差が激しいなど過酷です。その環境下で健康を維持するために、スパイスの薬効を直に体に取り入れようということで、スパイスをふんだんに使った「薬膳」が発達したと考えられます。

インドは言わずと知れたスパイスの宝庫であり、インドの人たちは、その恵みを古来、日常的に取り入れてきたのです。中国や韓国における漢方、薬膳と同様と考えるとイメージしやすいかもしれません。

このアーユルヴェーダを土台として、ヒンドゥー教の価値観や思想が加わることで、インド料理は確立してきたと考えられます。

宗教的戒律に対する理解と尊重も大人の教養のうち

ヒンドゥー教には肉食全般をよしとしない傾向があります。

お肉を食べるとしても、羊と鶏は許されますが、牛と豚を食べるのは禁忌。肉に加えて魚介類や卵を避けるヒンドゥー教徒もいます。厳格なヒンドゥー教徒ともなると、ニンニク、ニラ、ラッキョウ、玉ねぎ、アサツキ（総称して「五葷《ごくん》」）も禁忌です。

国境のハードルが低くなって久しい今、仕事でもプライベートでも、異文化を背景にもつ人と知り合う機会が増えているのではないでしょうか。特に宗教には、知らなかったら想像もつかないようなルールがあるものです。

といっても、相手の宗教について尋ねるのは憚られるでしょう。

しかし、根拠や理由は何であれ、そもそも相手の食べられないものを出す可能性を残すことこそ失礼です。趣味嗜好だろうと体質だろうと、あるいは宗教的禁忌だろうと、単に「食べられないものがあるかどうか」を確認すればいいのです。

誰と食事をご一緒するにしても、こちらがもてなす側に立つ場合は、素直に「何か召し上がれないものはありますか？」と聞く。

これを基本として、特に文化的背景が違う相手には宗教的な禁忌があることも想定しておくと、思わぬところで相手のタブーに触れてしまうという事態を避けることができるでしょう。

南インド料理と北インド料理、それぞれに特色と魅力がある

南インド料理――ライス、ベジタリアン、シャバシャバのカレー

インド料理は、大きく南部の5州（ケララ州、タミル・ナードゥ州、カルナータカ州、アーンドラ・プラディーシュ州、テランガーナ州）と、それ以外の北部に分けられます。

南インドの料理は、全体的にあっさりしているのが特徴です。主食はお米ですが、ふっくらとした形で粘り気のある日本のお米とはまったく違う、パラパラした細長いインディカ米です。

小麦も食べますが、分厚い「ナン」は北インドのもの。南インドでよく食べられているのは、ナンよりも薄い「チャパティ」、揚げパンのような「プーリー」など。また、米粉を薄く大きくパリパリに焼いた「ドーサ」も南インドのものです。

南インドのカレーはシャバシャバしています。ヒンドゥー教徒のなかでもベジタリアンが多いことから、肉類よりも豆や野菜のカレーが主流。沿岸部では漁業が盛んなので、魚介類を使った料理も見られます。

そして南インドといえば、「ミールス」です。日本でもミールスを出すインド料理店が増えてきているので、食べたことのある人もいるかもしれませんね。

ミールスとは、複数種類のカレー、辛酸っぱいスープの「ラッサム」、副菜、ライス、豆粉で作るおせんべいのような「パパド」、甘いものなどを盛り合わせた南インド式定食のこと。金属製の食器を使うお店もありますが、殺菌作用があるとされるバナナリーフの上に並べて出されるのが本来です。

北インド料理——ナン、チャパティ、ノンベジタリアン、煮込み系カレー

北インドの主食は「チャパティ」「プーリー」といった無発酵のパンです。日本のインド料理店ではナンを出すところが多いようですが、本国では、タンドール（インド式の大きな窯）がなくては焼けないナンは日常食ではありません。家庭ではフライパンで作れるチャパティやチャパティを揚げたプーリーを食べます。

また、北インドのカレーは、牛乳や生クリーム、バターなどの乳製品やナッツ類を使い、じっくり煮込んだもの。豆や野菜のカレーが主流の南に対し、マトンやチキンをよく使うのも北インドの特徴です。

南インドではシャバシャバのあっさりしたカレー、北インドではこってりした煮込みカレーが主流というのは、それぞれの気候を考えればうなずけるでしょう。

薬効のある多種多様なスパイスを使うのは同じですが、南は暑さ対策、北は寒さ対策ということで、カレーのスタイルが異なるのです。

近年こそ南インド料理も少しずつ知られるようになってきましたが、少し前まで、日本でインド料理店といえば北インド料理でした。みなさんにとっても、コクのあるカレーにふわふわのナンというのは、かなり馴染み深いのではないでしょうか。

もう少し細かく分類すると、北東部のベンガル地方には魚のカレーが多く、南西部のゴア州には、インドのなかでは珍しく豚肉を食べる習慣があります。

宗教的な違いが食文化に現れているところがあるのも興味深い点です。

たとえばイスラム教徒が多いカシミール渓谷地域ではラム肉を使ったカレー、仏教徒とヒンドゥー教徒がほぼ半数ずつのラダック地域では薄味でサラサラした野菜カレーや「モモ」（水餃子のような、チベット文化圏の料理）がよく食べられています。

ひとくちにインド料理、カレーといってもこれだけ多彩なのは、日本の9倍もの広大な国土で、地方によって気候が大きく異なるだけでなく、さまざまな宗教が入り混じっている文化的・歴史的・地理的背景によるものです。

イタリアも地方ごとの食文化が多様とお話ししましたが、それとはまた違ったインドならではの多様性があるというのが、とても魅力的なところだと思います。

インド料理店で、州の名前を冠したものや、「〇〇料理」などと地方色を謳っているものもよく見かけます。

何も知識がなければ、ただのカタカナの羅列。でも少し知識があるだけで、インドのどのあたりの料理なのか、どんな特色の料理が食べられるのかと想像できます。まさに知識が、食の楽しみを広げてくれるわけです。

インド料理全般に欠かせない「ダール」とは？

また、地方によらずインド料理全般に欠かせないのは「ダール＝豆」です。インド人のお宅には、少なくとも5種類以上の豆が常備されています。「豆といえば大豆か小豆」という日本人からすると驚きではないでしょうか。

ただ、インドには「豆を甘く調理する」という習慣はありません。そのため、インド人に「小豆を甘く煮たもの」と言って「あんこ」を勧めると、最初は毛嫌いするのですが、食べてみると、たいていは「甘いのもおいしい」と気に入ってくれます。日本人も「お米を甘く煮たもの」と言われたら、ちょっと気持ち悪いと思う人が多いのではないでしょうか。インド料理のデザートには、まさにお米を牛乳と砂糖、カルダモンなどのスパイスで甘く煮たミルク粥があります。私は大好きです。

同じ豆類、同じ米類と、似たような食材でも、食文化によって調理法が違うこともある。少し抵抗を感じても、まずトライしてみることで見聞が広がるというのも、さまざまな食文化に触れる意義だと思います。

教養としてのインド料理のマナー

自分の手のぬくもりと料理が渾然一体となるマジック

日本人はほとんど手食に馴染みがないため、日本のインド料理店には、たいていカトラリーが備えられています。

もちろん、カトラリーを使って食べるのはかまいません。でも、もし現地の人たちが故郷の味を求めて訪れるような本格的なインド料理店で、手食をするチャンスがあったら、ぜひトライしてみてください。

というのは、貴重な異文化体験になるという理由もありますが、それ以上に、インド料理は、手で食べるのが一番おいしいと思うからです。

たとえば、お茶碗によそったごはんをフォークで食べたら、違和感を覚えるはずです。英語で「miso soup」だからといって、お味噌汁をスプーンで飲んだら、やはり変な感じがするでしょう。金属の味が混ざるような気がして、「まずい」とすら感じるかもしれません。

お茶碗によそったごはんは木製のお箸で食べ、お味噌汁はお椀に口をつけて飲む。このように本来、守られ、発展してきた形に則って食べるのが、一番おいしく感じるはずなのです。

それはインド料理でも同じです。インド料理は古来、手で食べられてきました。ということは、自分の手のぬくもりが料理と渾然一体となったときに、もっともインド料理がおいしく感じられるに違いないというわけです。

もしかしたら、みなさんがカトラリーで食べている限りは体験できない、インド料理のおいしさがあるかもしれません。それが、チャンスがあったら手食をとおすすめしたい一番の理由です。私はスパイスの風味をより感じやすくなると思っています。カレーと自分が一体化する印象もあります。

日本にも手食を推奨しているインド料理店があって、インド人の知人と一緒に行ったことがあります。

そのときに改めて思ったのは、「手」というのはとても優れた「道具」なんだな、ということ。ほとんどの料理において、手食で困ることはありません。

モチモチしているナンも、手首をクルリと返すようにスナップを効かせると、人差し指、中指、親指の3本でちぎって、右手だけで上手に食べられるものなのです。最初は難しいかもしれませんが、手食推奨のインド料理店に行くチャンスがあったら、ぜひ試してみてください。

たまにインド料理店で、現地の方と思しき方が手食をしているのを見かけます。一定のリズムがあって流れるように召し上がる姿に、手食には手食の美しさがあるものだと感じ入らずにはいられません。

「不浄の手・左手を使わない」には例外がある

手食にもマナーとコツがあるので、紹介しておきましょう。

ごく基本的なマナーとして、必ず覚えておいていただきたいのは、ヒンドゥー教で「不浄の手」とされる左手は使わないこと。これはご存じの方も多いかもしれませんが、実は例外があります。

チャパティやナン、野菜などが大皿にまとめて盛られている場合、そこから自分の分を取るときは、むしろ左手を使うのがマナーとされています。

というのも、食べものを自分の口に運んだ手で共有部分のものに触れたら、そこが汚れてしまうから。理由を知れば納得ではないでしょうか。

つまりインド料理を手食するときは、自分の口に食べものを運ぶときは右手だけ、共有部分に触れるときは左手だけを使うのが基本、と覚えておくといいでしょう。

初めてでも失敗しない手食の極意

手食では、主に親指、人差し指、中指の3本、補助的に薬指を使って美しく食べられます。

基本の3本指で、時折おかず類もはさみつつ、カレーとごはんを混ぜて食べていきますが、このときのコツは、適量のカレーとライスを一緒にギュッギュッと押しつぶすようにして、まとめること。

インドのお米はパラパラしているので、こうしないと、口に運ぶときにボロボロとこぼれてしまいます。

カレーとライスをまとめたら、手首を内側にクルリと返しつつ、人差し指と中指ですくいあげるようにしてカレーとライスの塊を持ち上げ、口元に持っていったところで、親指でそっと送り出すように口の中に押し入れます。

美しく優雅に見える手食の所作

①カレーとごはんを指で混ぜる

②カレーとライスを指で押しつぶすようにして、ギュッとまとめる

③人差し指と中指ですくい上げるようにカレーとライスの塊を口元へ持っていき、親指でそっと送り出す

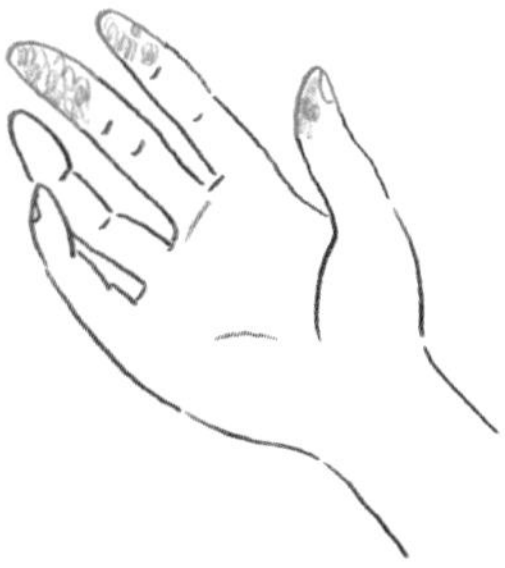

④親指の第一関節、人差し指と中指の第二関節くらいまでを主に使う

手食後の手は洗うべきか？

まとめる、２本指ですくい上げる、親指で口の中に押し入れる、というのが上手にできると、手食とはいえ、それほど手は汚れません。

カレーが付着するのは人差し指と中指の第二関節、親指の第一関節までくらい。あとは補助的に使う薬指がほんの少し濡れる程度です。最初にしっかりカレーとライスをまとめていれば、ごはん粒が手に残ることも、ほとんどありません。

それでも指先がベタベタになることは確かですが、お店が何かしらの対応をしているはずです。おしぼりで手を拭う、専用の手洗い場を使う、化粧室で手を洗う、フィンガーボウルで指先を洗うなど、お店の方式に従いましょう。

当然ですが、カレーがついた指先をペロペロとなめるのは無作法です。

また、北インド料理のナンとカレーは、ナンをちぎってカレーに浸しながら食べていきます。やはり左手は使わないようにしますが、最近は場所によっては、ナンをちぎるときだけは、補助的に左手を使ってもいいとされています。

ハラルフード
――「神に許された食べもの」の厳しいルール

同じイスラム教徒でも、戒律を守る加減は個人差がある

イスラム教には「ハラム」「ハラル」という厳格な戒律があります。「ハラム」とは、アラビア語で「(神に)禁じられた」という意味。たとえばウソをつくこと、盗みを働くこと、女性が肌を露出することなど、食事に関しては豚肉を食べることやアルコールを飲むことはハラムです。

「ハラル」とは、アラビア語で「(神に)許された」という意味。したがって「ハラルフード」とは、「神に許された食べもの」ということです。

単に「食べていいもの」を定めているのではなく、食べていいものでも「イスラム法に則った方法で処理されたものでなければいけない」という、非常に厳格なルールです。

そのため、イスラム教徒はハラル認証付きのお店のものしか口にしません。最近は日本でもハラル認証の付いた食料品店やレストランを見かけるようになってきました。

ただし、先ほどお話ししたヒンドゥー教徒がそうであるように、イスラム教徒も、どれくらい厳密に戒律を守っているかは人によります。そもそもイスラム教のなかでも、「ハラム」「ハラル」の捉え方は議論が分かれるところのようです。

お国ではしっかり戒律を守っているけれども、海外に出たらあまり気にしないという人もいます。

ある意味では、海外に出たときしか口にできない豚肉やお酒を心から楽しみにしている、というイスラム教徒もいるともいわれます。

厳格なイスラム教徒に対する、プラスアルファの心遣い

そうなると、自分がもてなす側に立ったときに重要なのは、尋ねることを変に遠慮したり、「イスラム教徒だから豚肉はダメ」などと決めつけたりせずに、やはり、まず「召し上がれないものはありますか？」と素直に聞いてみること。

そこで、たとえば「豚肉が食べられません」「お酒は飲めません」と返ってきたら、「豚肉などのハラムを調理した鍋を用いた料理も召し上がりませんか？」「お酒を使った菓子も召し上がりませんか？」などとやり取りを深めていけば、相手の加減が見えてきます。

そして、相手の加減が見えてくればくるほど、避けるべきことは100パーセント避けつつ、ちゃんとおいしいものを提供するという、配慮の行き届いたもてなしが可能になるというわけです。

もし、相手が海外でもイスラムの戒律を守るように見受けられたら、ただ自分がハラルフードのレストランにお連れするだけでなく、別のハラル認証付き食料品店やレストランを紹介できると、なおよしです。ご本人の選択肢が広がります。

自分自身に宗教的戒律がない人が多いせいなのか、日本人は、宗教という存在自体を過度に恐れ、遠慮する傾向があるように見えますが、まず宗教をタブー視しないことが大切です。

食事、もてなし、そしてマナーというものの根本に立ち返りましょう。

食事とは、豊かな時間を共に過ごすためのもの。もてなしとは、相手に心地いい思いをしていただくためのもの。そしてマナーとは、まわりへの配慮を形に表したもの。これらをまっとうするためには、まず相手を知ることが必要不可欠です。

たとえ自分とは異なる文化的背景をもつ人とでも、事前に必要十分な情報を得たうえであれば、食事を通じて共に豊かな時間を過ごすことができます。そしてそれは、「召し上がれないものはありますか？」のひと言から始まるのです。

教養としてのイスラム文化圏の食のマナー

イスラム教でも「右手だけ」が基本

イスラム教でも左手は「不浄の手」とされ、モスクでの礼拝の所作、衣服の着脱、何をするにも右手を優先的に使います。

さらにはモスクの礼拝堂に上がるときは「右足から上がる」など、手でなく足においても「右」が優先されるのです。

もちろん食事も「右手だけ」が基本。食べものを口に運ぶときはもちろん、人にお皿を手渡すときなども右手を使います。

お皿は持ち上げません。また、右手を優先的に使いやすいよう、通常、手で食べるパンは右側のお皿に置きます。

「お酒」をイメージさせるものは置かない

イスラム教では「飲酒」は禁忌です。

したがって、イスラム教徒の人との食事の席には、お酒をイメージさせるグラスなどは置かないようにすると、誰にも居心地の悪い思いをさせない、配慮の行き届いた場になります。

食べものを落としたときの独特なマナー

イスラム文化圏では、食べものを落としたら、まず自分で拾い上げ、軽くキスして頭の上まで持ち上げることで、「食べものに対する感謝」を示してからお皿に戻す、というのが習慣、かつマナーとも言われています。

そもそも、このマナーは、絨毯に食事を並べるイスラム文化圏ならではの所作です。日本人には、なかなか真似しづらい所作ですよね。

もしもイスラム教徒の方との会食の席で、食べものを落としてしまった場合は、「私には不慣れな習慣なので、このまま置かせていただきます」と、ひと言を添えればよいでしょう。

このひと言で「あなたの宗教や慣習について知っていますよ」ということが相手に

きちんと伝わります。

できることとできないことを誠意をもって伝えることは、互いの違いを認め、理解し、尊重し合うことにつながります。

これこそ、異文化間のコミュニケーションの醍醐味といえるでしょう。

会食の成功は「事前のコミュニケーション」にかかっている

他の宗教も同様ですが、特にイスラム教の戒律は多岐にわたり、複雑です。どれくらい厳密に戒律を守っているのかも、人によって違います。

事前に基本知識を頭に入れるのはいいのですが、一番大切なのは、食事の席を共にしようとしている、その相手が心地よく過ごせるように配慮すること。

にわか知識でパンパンになった頭で、勝手にあれこれと気を回すのではなく、「何がOKで、何がNGなのか」を相手によく聞いておくこと、また、どこまで対応可能なのかを伝えることもマナーのうちです。

そうすれば、相手も安心するはずです。

「食べられないものが出てきたらどうしよう」などと、事前に気を揉まずに済むからです。対応可能な範囲が事前にわかっていれば、個々で判断する心積もりもできるでしょう。

そういう意味では、特にホストになる場合、「周囲に対する配慮」としてのマナーは食事をする当日の前、準備の段階から始まっているのです。

コラム⑥

インド料理は「ぬるい」、だけど「おいしい」のは、なぜ?

インド料理には「熱々の料理」がほとんどありません。考えてみれば当然の話で、熱々だと手食ができないからです。たいていの料理は常温、もしくは人肌程度の温かさなのですが、スパイスが効いているので「ぬるい」というような物足りなさは感じません。

和食に熱々の料理があるのは、刺激的なスパイスをほとんど使わないなかで、「熱い」という刺激が一種のスパイスのような機能を果たしている、と見ることもできます。

それだけに日本人は、特に「熱々の料理は熱々で出されること」を重んじる傾向が強いと思いますが、ちょっと思い返してみてください。おそらく「インド料理店で、熱々のカレーをフウフウしながら食べた」という覚えはないはずです。

それでも「料理がぬるくてまずかった」とはならないのは、必ず複数種類が調合されている香り豊かなスパイスのおかげといっていいでしょう。

7章

ビュッフェ・立食パーティ

——型どおりのマナーがないからこそ、品性が問われる場

マナーという型が見えにくいからこそ、品よく振る舞う意識が必要。
それはビュッフェ・立食パーティも同じです。
たとえばホテルのビュッフェで、「元を取らなくちゃ」なんて
料理をてんこ盛りにしたことはありませんか。
あるいは立食パーティで、料理ばかりに夢中になって、
誰とも交流しなかった……、という覚えはないでしょうか。
ビュッフェ・立食パーティは、すべて自分裁量の自由な場。
そして、人と共有する部分がたくさんあります。
思わぬところで品性を疑われることのないよう、
美しく振る舞うポイントをお話ししていきましょう。

「自由に料理を取るスタイル」は、こうして世界に広まった

スウェーデンの「スモーガスボード」がビュッフェの起源

ビュッフェとは、大きなテーブルに並べられた料理を、自分の好きに取るスタイルの食事のこと。

もともと「ビュッフェ」という言葉は、フランスの立食の軽食を意味します。でも日本では、「自由に料理を取る食事形式」そのものを指すことが多いので、その意味で説明します。

さて、大テーブルに並べられた料理を自由に取って食べるというスタイルは、今では全世界的なものですが、その起源は、北欧の「スモーガスボード」という食事形式です。

「スモーガス＝パンとバター」「ボード＝テーブル」の複合語であるスモーガスボードとは、「ハーリング」と呼ばれるニシンの発酵食品や、ハム、シチュー、パイ、パンケーキ、デザートなどを並べたもの。国際的に知られるようになったきっかけは、1939年のニューヨーク万国博覧会だったとされています。

万博を機に欧米へと広まるうちに、スモーガスボードスタイルの食事は、いつしかフランスの立食の軽食を表す「ビュッフェ」と呼称されるようになりました。

日本では「(北欧の)海賊」を意味する「バイキング」とも呼ばれますが、これがビュッフェの意味で通じるのは日本だけです。

事の始まりは、戦争に負けた日本がやっとの思いで高度経済成長期に入ったころ、帝国ホテルの若き料理人であり、のちの総料理長、村上信夫氏の研究によるものでした。当時の帝国ホテル社長が「これからの日本の料理界、ホテル界の発展のために、世界中の食を体験しよう」と、世界各国をめぐるうちにスウェーデンでスモーガスボードに出会いました。

各人が好きな料理を取るという自由で大胆なスタイルに感銘を受けた、当時の帝国ホテル社長は、日本でもヒットすることを直感したのでしょう。

帰国後、村上氏に「北欧には『スモーガスボード』なる食事形式がある」と研究を命じ、1958年、そのコンセプトのレストランが帝国ホテル内にオープンすることになりました。

レストランの名前は、「帝国」を意味する「インペリアル」を冠し、さらに北欧の海賊のイメージと、当時の人気アメリカ映画「ヴァイキング」（カーク・ダグラス主演）にちなんで「インペリアルバイキング」となりました。

そこには、敗戦と戦後復興を経た日本を、自由で楽しい食事形態に合わせ、さらなる成長に向けて元気づけたいという願いも込められていたと思われます。今では「インペリアルバイキング　サール」と少し名を変え、開店から半世紀余りの歴史を誇る名物レストランになっています。

こうして帝国ホテルは、スモーガスボード形式の日本デビューの地となりました。

そこから同様の形式が日本中に広まっていきますが、オリジナルのレストラン名から、日本では長らく、自由に料理を取るスタイルといえば「バイキング」でした。

今では「ビュッフェ」という呼称が定着していますが、中高年以上の人なら、「バイキング」という響きに懐かしさを覚えるのではないでしょうか。

「ビュッフェ＝食べ放題」としていませんか

ビュッフェを「食べ放題」と捉えている人は多いようですが、それは大きな勘違いであるといわねばなりません。

「放題」を辞書で引くと、「自由勝手なさま。ぶしつけ。無礼。放埒」と出ます（『広辞苑　第七版』より）。

この語義に従うと、「食べ放題」とは「自由勝手に食べること。ぶしつけに食べること。無礼に食べること。放埒に食べること」といった意味になってしまいます。ビュッフェとは、断じて、そのようなものではありません。

「元を取らないと損だ」とばかりに、自分のプレートに料理をてんこ盛りにする、高級なメイン料理ばかりをリピートする、デザートのケーキを競うように数多く食べる、といった振る舞いは非常に品位に欠けます。

また、グループで来て、「私はオードブル担当」「私はローストビーフ担当」「私はパスタ担当」「私はデザート担当」などと役割分担をしている人たちを見かけることがありますが、これはビュッフェにおいてもっともはしたない振る舞いの1つです。

なぜかというと、まず単純に「確保する」感覚がまったく美しくないから。

そのうえ、人の分まで確保しようと思うと、自分の食べたい量ではないため、食品ロスにつながってしまいます。現に、あるデータによると、ビュッフェでの食品廃棄率は、取り分けられずに大皿に残った分も含めて25パーセントにも上ります。

そもそも**ビュッフェは「何をどれだけ取るか」を自分で加減できるわけですから、取るのは自分が食べる分だけ。そして取ったものは残さず食べきるのが最低限のマナー**と心得ておきましょう。

立食パーティのメインは人と交流すること

共有の場だからこそ、互いを思いやりましょう

ビジネスの交流会、懇親会などで立食パーティに出席する機会もあるでしょう。特にマナーはないだろうから気楽と考えていたかもしれませんが、実は定型のマナーが少ないからこそ、立食パーティは難しいのです。

定型のマナーとは、いってみれば、「お互いにこれさえ守っていれば全員が不公平にはならない」という親切な取り決め、共通の約束事です。

そうした定型のない自由な場は、各々の品格がもっとも表れやすい場といえます。へたをすると無粋なところが次々と露呈し、まわりの人に良識や人格まで疑われることにもなりかねません。特に立食は、参加者全員で共有するものが多いので、お互いがお互いを配慮する必要があります。この点を私は大切に考えています。

裏を返せば、立食パーティのようなランダムな場で美しく振る舞える人は、マナーというものの本質を理解し、ナチュラルに体現できる人ということ。みなさんには、ぜひその域を目指していただきたいものです。

まず心得ておいてほしいのは、立食パーティの主役は料理ではなく、人々とのコミュニケーションである、ということです。

これまでにも、「相手のある食事はコミュニケーションあってこそ豊かなものになる」とお伝えしてきましたが、特にビュッフェでは重要なポイントなのです。

立食パーティは、空腹では行かない

そもそも、なぜ「立食」なのかということを考えてみてください。

着席だと自分の定位置が決まっているため、お話しできるのは、どうしても自分の周囲の席の人に限られてしまいます。

でも定位置のない立食ならば自由に動けるので、自分さえその気になれば、たくさんの人と交流できます。

つまり、なぜ立食かといえば、着席よりもさまざまな人と交流できるからであり、そのために採られている形式といえるのです。

この最重要点を踏まえて考えれば、立食パーティのマナーも腑に落ちるはずです。立食パーティの料理は人々の交流の促進剤、潤滑剤であり、主役ではない。したがって、料理に夢中になって誰とも交流しないのは残念な過ごし方です。そもそも立食パーティとは、「お腹を空かせて行くもの」ではないのです。

教養としてのビュッフェ・立食パーティのマナー

自分のプレートに美景をつくる

料理を取るときに意識したいのは、「余白」です。

プレートいっぱいに料理を盛るのではなく、1回に取るのは多くとも3品に留めること。プレートの3~4割が空いているくらいの盛り方にするとエレガントです。プレートは何度、新しいものに取り替えてもかまいません。

大皿の美景を保つ

大皿料理とはいえ美しく盛り付けられているものを、むやみに崩して美景を損ねるのは、料理に対しても後の人に対しても失礼です。複数の具材が入った料理を突っついて、自分の好きな具材ばかりを取ったりするのもタブーです。

料理が左から右に向けて並んでいるものは右側から、奥から手前へと並んでいるものは手前側から、下から上に重ねられているものは上側から取る。取り分け用のトングなどは、次の人が手に取りやすい位置か、またはトング皿に戻す。

これらのことを意識するだけで、ビュッフェ料理の美景を保ちつつ、次の人も気持ちよく料理を取れるようにできます。「周囲への配慮」こそがマナーであるというのは、ビュッフェでも変わらないのです。

ビュッフェにも守るべき「流れ」がある

料理を取る順番も意識しましょう。いくら「このホテルのビュッフェはローストビーフが名物」と聞いていても、最初からローストビーフの行列にまっしぐらというのは少々恥ずかしいでしょう。

ビュッフェでも、料理の並び順に「前菜→メイン→デザート」という大まかな流れがあるはずなので、そこを意識してコースの流れに沿って取っていきます。また、冷たいものと温かいものは分けて取ったほうが、温度が混ざらずにおいしく食べられますし、プレート上の見た目も美しくなりやすいでしょう。

先ほどもお伝えしたとおり、ビュッフェは食べ放題とは違うのですから、食べることを最優先にせず、心の余裕をもって優雅に振る舞おうという意識が重要です。

立食の美醜は「背中」に表れる

立食のときに、おそらく多くの人が意識していないのは「姿勢」です。

着席の食事では、同席者に自分の背中を見られることは、ほぼありません。一方、参加者が自由に動き回る立食パーティでは、背中が丸見えです。そのため、立食の美醜は「背中」に表れるといってもいいくらい、姿勢が重要なのです。

猫背になって、プレートに覆いかぶさるように食べるのは美しくありません。片足に寄りかかるとだらしない印象になり、両脇が大きく開いていると品のない印象になります。

背筋は伸ばし、アゴは引く。両肩を軽く下げるようにして両脇を締め、両足に均等に重心をかけてスッと立つように意識しましょう。正しい姿勢は疲れると思われがちですが、いったん慣れてしまえば、実はこれが一番疲れない立ち方だと思います。

サイドテーブル、椅子にも公共性が表れる

立食パーティには、ところどころサイドテーブルが配置されているものです。壁沿

いに椅子が並んでいることもあるでしょう。

これらは、適時、誰もが使える止まり木のようなもの。1つのテーブルにたむろする、数名で椅子を陣取って動かない、椅子にカバンや上着を置いて場所取りをするなどの専有行為は無粋です。

左手でグラスとプレートを持ち、右手を自由にする

立食パーティは人々と交流することがメインですから、自分のプレートや飲みもののグラスを持ったまま、会場内を移動することになります。

そのとき、片手にプレート、片手にグラスでもいいのですが、両手がふさがっているのは幼い子どものようで、あまりエレガントではありません。

それに、日本人同士だとあまり重要ではありませんが、主に欧米人の交流は握手から始まります。右手は空けておくに越したことはありません。

それには、プレートを左手の小指と薬指、中指で下から支え、プレートの上に飲みもののグラスを乗せ、そのグラスを残りの親指、人差し指で持つようにします。

すると握手ができる状態を保てるだけでなく、料理と飲みものを両方とも持ったまま、右手で食べることもできます。

いつでも会話や握手ができるよう、つねに右手を空けておく

①人差し指と中指の間にプレートをはさみ、薬指と小指でプレートを下から支える
②親指と人差し指で、プレートの上にグラスを固定
③フォークはプレートの下で、刃を自分側に向けて指ではさむ

こんな持ち方では不安定ではないかと思われそうですが、試してみたら、きっと意外と安定するものだと感じていただけるでしょう。

ただ、一番よくないのは、料理や飲みものをこぼして、床や相手の洋服を汚してしまうなど迷惑をかけることです。片手で持つのは不安という方は、片手にプレート、片手にグラスでかまいません。料理を食べるときはサイドテーブルを使い、食べ終えたらサッと移動するのも手です。

あるいは少し料理を食べたら、いっそプレートは手放してしまって、グラスだけを片手に会場内を動く。これも、人々との交流がメインという立食パーティの性質に合致する振る舞いといえます。

column

コラム⑦

「みんな」のために、大間違いをおかした男性の話

ある企業が開催した異業種交流パーティに参加したときのことです。

ビュッフェのオードブルの1つに、伊勢海老のテルミドールがありました。半身に割られた殻の中に、一口サイズにカットされた身がピックに刺さって並んでいます。

こういう場合、身だけを一切れから数切れ取るものなのですが、私の前にいた男性は、殻ごとトングでつかんで、半身を丸々すべて取っていきました。数名の女性同行者がいるらしく、「部長ありがとう！」などと歓声が上がっています。

男性としては、おそらく一緒に来ている「みんな」のために取った行動。でもみなさんなら、いかに配慮にも品性にも欠ける行為かおわかりでしょう。こうした身勝手な専有行為が繰り返されると、会場にいる「みんな」の分がなくなってしまいます。ちなみに、その直後、同じ男性が同じ素振りを見せたので、コソッと「みんなの分を残してくださいね」とその男性だけに聞こえるよう（恥をかかせないよう）ささやくと、なんと！　聞こえないふりをされました。

8章

ファストフード

――カジュアルな食事にも品よく食べる方法がある

ファストフードなんて、どのように食べても変わらない？
いいえ。誰もマナーを気にしない場でこそ、
品よく食べるように意識することが重要なのです。
なぜなら、「守るべき型」がない場では、
あらゆることが、いとも簡単に上品の逆に陥りやすいから。
マナーという型で取り繕うことができないファストフードで、
どう振る舞ったら品よく見えるか、考えていきましょう。

合理性と効率性こそファストフードの信条

万博で生まれ、モータリゼーションが育んだファストフード

「ファストフードにマナーなんてあるの?」と不思議に思った人は多いでしょう。

たしかにファストフードには厳密に定められたマナーはありません。

でも前々からお伝えしているとおり、本書でいうマナーとは「まわりへの配慮」のこと。形式を守ることではなく、まわりにきちんと気を配りながら、食べものに感謝して美しく食べることが大事であり、それはファストフードでも変わらないのです。

というわけで、まず知識編として、ファストフードの歴史を概観しておきましょう。

ハンバーガー、ホットドッグというと「アメリカのもの」というイメージがあると思いますが、これらのもとになった料理は、実はドイツから来ています。

ハンバーガーの肉のパティは「ハンブルグステーキ」、ホットドッグのソーセージは

「フランクフルト」。どちらもドイツの都市名であると、お気づきになったのではないでしょうか。ハンブルグステーキもフランクフルトも、ドイツではメインの一品料理。付け合わせの野菜なども添えられており、もちろんナイフとフォークで食べます。

ちなみに、ハンブルグステーキのさらに祖先を辿ると、おそらく生肉を細かくたたいて成形したフランス料理「タルタルステーキ」に行き着くと思われます。肉の鮮度が落ちても食べられるよう、ドイツでは火を通すようになったのでしょう。

さて、そんなハンバーグやフランクフルトが、どういう経緯でバンズに挟まれたカジュアルなファストフードに変化したかというと、きっかけは、1904年にアメリカで開かれたセントルイス万国博覧会だったという説が濃厚です。

万博に出展したドイツ人たちが、故郷の味であるハンブルグステーキをバンズに挟み、歩きながらでも食べやすい形にして販売したところ、それが大評判を呼び、やがてアメリカ全土に広まったそうなのです。フランクフルトを縦長のバンズに挟んだホットドッグも、おそらくこうして生まれたのだろうと言われています。

いわゆるハンバーガーショップが生まれたとされるのは、万博から15年ほどのちの1921年のこと。こうしてハンバーガーはアメリカ人の生活に欠かせないものとなっていきますが、その背景には、当時のアメリカで急速に進んでいたモータリゼーションがあります。

アメリカで自動車が普及し、人々がみずからの運転で移動するようになると、食事は道路沿いで手早く購入でき、運転の合間、あるいは運転しながらでもとりやすいものが便利です。すでに万博で好評を博していたハンバーガー（ホットドッグ）が、そんなモータリゼーションによって食に対して生まれた社会的ニーズとみごとに合致し、ハンバーガーやホットドッグはアメリカ人のソウルフードになりました。

また、ケンタッキー・フライド・チキンが、もとはガソリンスタンドで展開していたのはよく知られている話です。ハンバーガーやホットドッグと同様、片手で食べられるフライドチキンもまた、モータリゼーションの潮流とともにアメリカ人の生活に欠かせないファストフードになったのでしょう。

アメリカでファストフードが生まれたのは、歴史的必然

アメリカの映画やテレビドラマを見ていると、登場人物がドライブスルーでハンバーガーを買うシーンや、どこまでも続くハイウェイを車で飛ばしながらフライドチキンを頬張る姿などを、よく目にします。

日本人から見ると、フライドチキンでベトベトになった手でハンドルを握る姿には、ちょっと抵抗があるかもしれませんが……。しかし、それほどアメリカ人にとって、ファストフードは日常的なもの、欠かせないものということです。

主にイギリスから渡った人々によって建設されたアメリカは、比較的歴史の若い国です。もちろん、彼らよりもずっと前から先住民が住んでおり、独自の文化・文明を形成していましたが、白人が入植してから形成された「アメリカ古来の文化」と呼べるものはないに等しい。食文化も同様です。未知なる土地の開拓から始まったアメリカという国は、いつしか産業大国として急速に成長しました。

こうした経緯を鑑みると、ハンバーガーやフランクフルトが、もとは外国の国民食だったものに合理性や効率性を加えた「ファストフード＝速い食べもの」として広まったのは歴史の必然であるように見えてきます。

今や私たちにとってもお馴染みのファストフードは、食の「文化」とはいいがたいかもしれません。

しかしファストフードは、かつてヨーロッパなどから渡った人々が懸命に創建した新興国・アメリカの歴史、もっといえば合理性や効率性を重んじるアメリカ人の価値観が生んだ食の「文明」であると私は考えているのです。

教養としてのファストフードのマナー

「ハンバーガー」は、最初にバンズ、パティ、ソースの配置を確認

ハンバーガーは、たいてい紙に包まれています。そこから完全に取り出さずに、まず半分くらいを出しましょう。おそらく多くの人が、ここですぐにかぶりついていると思いますが、その前に1つチェックしてほしいことがあるのです。

半分ほど出ているハンバーガーのバンズをペロンと少しめくり、挟まっている具材がどうなっているか、見てみてください。パティは真ん中に収まっているか。レタスやトマトなどパティ以外の具材の配置や、ソースのかかり具合はどうなっているか。

もしパティ、具材、ソースが下のほうに偏っていた場合、そのまま上から食べ始めると、ただでさえ下のほうに偏っているものがさらに下へ下へと押されてしまいます。

そうなると、自分はバンズと具材をバランスよく食べられなくておいしくありませ

んし、最終的には、ボトボトと紙包みの下のほうに落ちてしまった具材を、手でつかんで食べることになってしまいがちで、美しくないのです。

ですから、もし具材やソースに偏りがあったら、偏っているサイドを上に向け直して食べ始めましょう。

両手の指をしっかり広げてハンバーガーをホールドし、具材が下へと流れ出るのをガードします。

ここで、へたに上品に振る舞おうと指をそろえてしまうと、ガードの役割を果たせません。

特に女性は、「ハンバーガーは、いっそ下品なほどに手を駆使すること。指を広げてがっしり持って食べる」と心得ておくくらいでちょうどいいでしょう。

この態勢をキープしつつ、「①真ん中→②右か左サイド→③❷の反対サイド」を繰り返し、つねに切り口を平らに整えるようにひと口ずつかじっていきます。

以上のように食べていくと、具材を食べ終えるころに少しだけ余ったバンズを最後に食べて終了、という具合に美景をキープできます。

ハンバーガーは指を広げてがっしり食べる

小倉の奥義

両手の指をしっかり広げて、ハンバーガーをしっかりホールドする

また、バンズをめくって中身を確認したときに、特に具材やソースに偏りがなければ、そのまま食べ始めます。でも何となく食べ進めてしまうと、具材が下へ下へと押されて、先ほど挙げたような事態になりかねません。

やはり両手の指を広げてガードしながら、「①真ん中→②右か左サイド→③❷の反対サイド」を繰り返し、最後に少しバンズが余るよう意識的、戦略的に食べていきましょう。

それでもソースたっぷりのハンバーガーだと、紙包みの下のほうにソースが残るかもしれません。そのままでもかまいませんし、フレンチフライドポテトにつけて食べるのもいいでしょう。

豪快にかぶりつき、美しく食べ終える「骨付きフライドチキン」の鉄則

骨付きのフライドチキンは、きれいに食べるのが難しいと感じている人も多いと思います。手づかみで食べると手に油がつくのは仕方ないとしても、食べたあとの残骸が美しくないのは避けたいところです。

なぜ残骸が汚くなってしまうかというと、おそらく一番の理由は、最初に骨から身をきれいに剝がさずに、「こっちをひと口、あっちをひと口」という感じで食べてしまうことにあります。

その結果、あちらこちら適当についばみ、食べ散らかしたかのような美しくない残骸になってしまうのです。

この点が明らかになれば、もう解決策は簡単です。

いろんな箇所の身を飛び飛びで少しずつかじっていくのではなく、「ここ」と決めた箇所の身を骨のキワまで食べてから、次の箇所に移動し、そこでもしっかり骨のキワまで身を食べてから隣の箇所に移動する、というふうに食べ進めます。

位置によっては、口で身をかじり取るのが難しいかもしれません。そういうときは、指で肉をゆっくりと引き剝がし、口に入れてもかまいません。部位によっては骨の関

フライドチキンは豪快さが肝心

小倉の奥義

食べ終わりの美しさを意識して、骨のキワまでしっかり食べる

節のところで難なく割ったり骨がスルッと剝がれたりするものもあります。口だけでなく手も駆使しながら、なるべく最後は骨だけになるように食べましょう。

豪快に、しかし食べ進めと食べ終わりがきれいになるように食べるのが、骨付きフライドチキンの一番の心得です。

また、軟骨部分は、ポロッときれいに剝がれて、コリコリと嚙み砕けるくらいにまで調理されている場合もあれば、そうでない場合もあります。

順序よく身を食べ進めながら軟骨の様子も窺いつつ、ケースバイケースで判断してください。ただし、骨をチュウチュウとしゃぶるのは、さすがに無作法です。

c o l u m n

コラム⑧

ナプキンがなければ、ハンカチを使えばいい

ある知人の体験談です。

高校生のころに、同級生とチェーンのファストフード店で食事をしたときのこと。

同級生が何気なく取った行動に、知人は「すごい！　なんて素敵なんだろう！」と感動したといいます。

その行動とは、ハンバーガーセットを食べる前に、カバンからハンカチを取り出し、サッと膝の上に広げた、というもの。それが、あまりにも自然で優雅だったので、今でも鮮明に思い出せるそうなのです。

そう聞いて、私も素敵だと思いました。

ファストフードでついてくるのは、口を拭う紙ナプキンやお手拭きだけですから、ハンカチをナプキンの代用とする。ソースなどがこぼれたときに洋服が汚れるのを防ぐことができますし、何より気遣いのある印象になるでしょう。

著者略歴

小倉朋子（おぐら・ともこ）

(株)トータルフード代表取締役。フードプロデューサー。亜細亜大学・東京成徳大学非常勤講師。トヨタ自動車(株)、国際会議ディレクター、海外留学、ホテル＆フードコンサルタントを経て、「ようやく天職に」と食に一本化。先祖代々にわたり、食を大切にする環境に育つ。世界各国の正式なテーブルマナーと、幅広く食を学び生き方を整える「食輝塾」主宰。飲食店や企業のメニュー開発、フードコンサル業ほか、トレンドにも精通、各種食関連委員など。文化から最新情報、ダイエットまで精通した食のスペシャリスト。
テレビ、ラジオなどメディアにも多数出演し、美しく凛とした食べ方を推進すべく活動している。日本箸文化協会代表。著書に、『世界一美しい食べ方のマナー』（高橋書店）、『やせる味覚の作り方』（文響社）、『メニュー開発論』（創成社）ほか多数。

世界《せかい》のビジネスエリートが身《み》につけている教養《きょうよう》としてのテーブルマナー

2023年 3 月25日　初版第 1 刷発行

著　　者　小倉朋子《おぐらともこ》
発 行 者　小川 淳
発 行 所　SBクリエイティブ株式会社
〒106-0032　東京都港区六本木2-4-5
電話　03-5549-1201（営業部）
装　　丁　krran（西垂水 敦・松山千尋）
本文デザイン・DTP　株式会社キャップス
イラスト　本田 亮
編集協力　福島結実子
編集担当　美野晴代
印刷・製本　株式会社シナノパブリッシングプレス

本書をお読みになったご意見・ご感想を
下記URL、またはQRコードよりお寄せください。

https://isbn2.sbcr.jp/17981/

ISBN 978-4-8156-1798-1